Emil F. Pohl

Jagende Käuze
Kauzige Jäger

Emil F. Pohl

Jagende Käuze Kauzige Jäger

Jagdnovelle

EDITION HUBERTUS
Österreichischer Agrarverlag

Titelbild: Juniors Bildarchiv
Alle übrigen Abbildungen: Klaus-Peter Reif

Druck und Bindung: AV-Druck, Wien
Printed in Austria

ISBN 3-7040-1465-6

VORWORT

Ein offenbar verrückter, jedenfalls vom normalen Verhalten völlig abweichender Steinkauz beschert Andreas Stecher in den Morgenstunden eines Herbsttages ein schier unglaubliches Erlebnis, das dem Jäger fast sein seelisches Gleichgewicht raubt.

Er, der die Natur, vor allem die Tierwelt zu kennen glaubt, versteht plötzlich die Welt nicht mehr. Ohne anderen Menschen von diesen haarsträubenden Geschichten zu erzählen, versucht Stecher mit diesem nächtlichen Geschehen, das ihn ein Jahr hindurch beschäftigt, allein fertig zu werden.

Im zweiten Teil des Buches erinnert sich Andreas Stecher eines kleinen, kauzigen französischen Jägers, der ihm vor Jahrzehnten, als Angehöriger der Deutschen Wehrmacht, zum Vertrauten und in gefährlichen Situationen zum Lebensretter wird. Von der Sprache des Windes, des Waldes, der Tiere angezogen, waidwerken die beiden jagdbesessenen ungleichen Freunde, bis die Landung der Alliierten an der Kanalküste erfolgt.

In den Wirrnissen des mit Flammen und Tod über die Normandie hinwegziehenden Kriegsgeschehens verliert sich die Spur Renés und einiger Menschen, die Andreas Stecher sehr viel bedeutet haben.

Die Nacht brütete noch über dem Landstrich, als sich Andreas Stecher behutsam von seinem Lager erhob.

„Hast – du – vorhin – den – Totenvogel – gehört?" flüsterte schlaftrunken seine Frau, bevor der Jäger auf leisen Sohlen das eheliche Schlafgemach verließ.

„Sei – vorsichtig, hörst – du, sei – vorsichtig", mahnte die leise, schläfrige Stimme noch einmal, dann klickte die Tür kaum hörbar ins Schloß.

Totenvogel! Was für ein Unsinn!

Um Andreas' Lippen zuckte ein ironisches, mitleidvolles Lächeln, das ihm jedoch schon bald vergehen sollte. Und zwar gründlich! Noch wußte er davon nichts, noch hielt er alle diese „Unheilsdenker" für stille Narren.

Der Ansicht, der Steinkauz sei ein „Totenvogel" und rufe des Nachts „Komm mit, komm mit", um Menschen in den Tod zu holen, konnte Andreas bislang nur ein müdes Lächeln abgewinnen. Seine Meinung zu diesem Thema: Den nächtlichen Vogelruf möge jeder Erdenbürger, je nach Laune, seelischer Verfassung und Intelligenz deuten, wie es ihm beliebt. Für ihn, den begeisterten, naturverbundenen Jäger waren alle Käuze dieser Welt weder mit dem „bösen Blick" behaftet noch „Boten des Todes", sondern äußerst interessante, lustige Vögel, vor allem der Steinkauz, den man wegen seiner Possierlichkeit auch Wichtl nennt.

Bislang, wie gesagt!

Alljährlich, beim Schnepfenstrich oder während der vielen nächtlichen Sauansitze, bewunderte Andreas stets von neuem das geräuschlose Dahingleiten der unermüdlichen Nachtgreife und ihre sehenswerte Wendigkeit in den Lüften. Er fand es faszinierend, wie sie ihren Weg durch dichtes Geäst suchten – und fanden.

Ein festgefügter Samtpolster auf der Oberseite der Schwingen sowie die gerundeten Flügelenden und gezähnten Flügelkanten ermöglichen das lautlose, akrobatische Schweben.

Der so gar nicht scheue Steinkauz fürchtet sich keineswegs vor Menschen, ebenso nicht vor ihrem Treiben. Und trotzdem gilt dieser lustige Gesell mit seinen schwefelgelben Augen dort, wo der Aberglaube im Volk noch stark ankert, als Bote des Unheils. Diese Mär brachte auch Stechers Frau aus ihrer alten Heimat mit und konnte sich ein Leben lang davon nicht befreien.

„Wie ist so etwas nur möglich", dachte Andreas Stecher und machte sich auf den Weg. Alle seine aufklärenden Worte hatten bislang nichts, aber schon gar nichts gefruchtet.

Natürlich kommt das kleine Wichtl des Nachts hie und da zu einem hellerleuchteten Fenster oder landet während seiner Nachtjagd auf einem Balkon und läßt dort sein aggressives „Kuwitt, kuwitt" laut und eindringlich erschallen.

Was soll's?

Wenige Menschen dieser Breiten wissen, daß der Steinkauz im Süden Europas geliebt und gehegt, in manchen Gegenden als echter Glücksbringer gehandelt wird …

Nun aber zurück zu jenem Herbstmorgen, an dem sich Andreas Stecher mit nahezu unerklärlichen Rätseln, die ihm so ein drolliger Kobold der Nacht aufgab, konfrontiert sah.

Noch lange ehe der Morgen graute, stellte der Jäger an der Reviergrenze unter einer mächtigen Eiche seinen Wagen ab. Wie gewohnt, öffnete er so leise als möglich den Kofferraum seines Fahrzeuges und griff nach den Jagdutensilien, die er für die Morgenpirsch benötigte. Es schien alles den üblichen Lauf zu nehmen, und Stechers Gedanken weilten längst bei Rehen und Schwarzwild, dessen Fährtenbild überall im Revier sehr eindrucksvoll geschrieben stand.

Da starker Tau lag, langte der Jäger auch nach den Gummistiefeln. Im Augenblick des einbeinigen Balanzierens, der zweite Fuß mußte noch in den Stiefel, kam urplötzlich von oben, aus dem Geäst der Eiche, der gespenstige Ruf eines Steinkauzes. Häßlich laut tönte aus der Dunkelheit das von manchem naiven Erdbewohner so gefürchtete „Kuwitt, kuwitt"; in die Sprache der Menschen übersetzt: „Komm mit, komm mit".

Man stelle sich einmal vor und lasse die Worte auf der Zunge zergehen:

Nachtfinsterer Wald, Totenstille, völlige Ahnungslosigkeit, und wie aus heiterem Himmel, ohne jede Vorwarnung, aus nächster Nähe der kreischende Vogelruf!

Eine „schlagtreffende Angelegenheit“!

„In der Ruhe liegt die Kraft“, dachte Andreas Stecher mit stehendem Körperhaar und ließ die prickelnde Gänsehaut, die brennheiß seinen Leib bedeckte, langsam abklingen. Das schaurige Intermezzo mußte ohnehin gleich ein Ende finden.

Denkste! Der Nachtgreif zeigte sich keineswegs gewillt, sein schrilles Gezeter einzustellen. Was zum Teufel sollte das bedeuten ...?

Ruf um Ruf kam aus der Finsternis. Der Jäger stand wie betäubt neben seinem Jagdwagen und hatte keine Ahnung, wie er das unnötige Theater beenden könnte. Der verrückte Nachtjäger mußte ihn, der da in voller Lebensgröße stand, doch wahrnehmen, als Mensch erkennen. Eine Verwechslung mit einem anderen Lebewesen durfte man wohl ausschließen.

Was sollte also diese nächtliche Narretei wirklich? Oder war es möglicherweise gar keine? Die abergläubische Deutung des „Totenvogels“, über die sich Andreas Stecher schon so oft lustig gemacht hatte, mußte ihm allmählich in den Sinn kommen – und die Gänsehaut feierte fröhliche Auferstehung!

Puh!

„Jetzt reicht es mir aber, scher dich zum Teufel“, brummte der Waidmann wütend nach oben und stieß seinen Bergstock in den gewalzten Schotterweg, daß es weithin klirrte.

Eigentlich wäre ja – wie bei jeder anderen Frühpirsch – katzengleiches Schleichen bis zum nahen Eichenhochsitz angesagt gewesen, doch damit war es nun gewiß aus und vorbei.

„Dieses Miststück hat mir die ganze Morgenpirsch verdorben“, dachte Andreas Stecher ärgerlich und ließ seine Beine kräftig fliegen. Vielleicht vermochten die geräuschvollen Schritte dem Kobold zu imponieren; doch auch diese Annahme erwies sich als verhängnisvoller Trugschluß!

Nichts, so schien es, konnte den tolldreisten Steinkauz beeindrucken. Er schwebte auf seidenweichen Schwingen wie ein „unheiliger Geist“ über dem verwirrten Haupt des Jägers, schwang sich immer wieder in wegnahen Bäumen ein und bedachte seinen Widerpart fortwährend mit dem gruseligen „Kuwitt“.

Allmählich nahmen die Irrfahrten des Wichtls possenhafte Züge an. Nestroys Schwank „Einen Jux will er sich machen" kam Andreas in den Sinn, obwohl er zum Lachen längst keinen Grund mehr sah. Er hatte früher weder von einem übergeschnappten, pervertierenden Steinkauz gehört noch gelesen. Worin lag nun die Ursache für dieses sonderbare Verhalten ...?

Warum sollte es nicht verrückte Käuze geben, wo es doch so viele verrückte Menschen gibt?! Vielleicht lag es an den Mäusen, die in diesem Jahr das Land überschwemmten. Eine optimale Niederschlagsverteilung im Frühjahr sowie die anschließende Dürre hatten eine Massenvermehrung sämtlicher Kleinnager ermöglicht, und die Fruchtbarkeit der Mäuse brach alle Rekorde. Riesige Schäden in der Landwirtschaft legten beredtes Zeugnis davon ab.

Vielleicht denkbar, daß dem Wirrkopf die „springlebendige Nahrungsquelle" in den Kopf stieg?!

Doch kein Ablenkungsmanöver nützte, und das törichte Spiel, das der Vogel mit dem Jäger trieb, sollte noch lange kein Ende finden. Der Kauz ließ sich nach wie vor von seiner jeweiligen Sitzwarte fallen, um mit ruckartigen Flugbewegungen, die dem Wellenflug des Spechtes sehr ähnelten, den nächsten brauchbaren Ast anzusteuern, und sein nervtötendes Gezeter begann von neuem.

Geräuschvollen Schrittes erreichte Andreas Stecher den am Rande des Hochholzes stehenden Eichenhochsitz, den er wütend erklomm. Den Grünrock beseelte bislang der Glaube, in schwierigen Situationen Nerven wie Drahtseile zu besitzen. Nun, diese Ansicht mußte er an jenem Morgen revidieren.

Das Wichtl? Erraten! Es schwang sich hautnah in die Eiche ein und setzte seine „Lockrufe" unbeeindruckt fort. Beharrlich, wie ein aufziehbares Spielzeug, schrie es ohne Unterlaß.

Langsam wurde dem Jäger die Geschichte zu bunt, auch Gedanken an Nestroy konnten nicht mehr helfen. Aufsteigende Wärme signalisierte Beklemmung, Unbehagen für Leib und Seele, und abermals suchte Andreas Ablenkung in der unendlichen Gedankenwelt.

Gewiß, der Mensch ist auf diesem Planeten das einzige Lebewesen, das um seine Sterblichkeit weiß, und ihm ist kein anderes Ereignis so sicher wie der Tod. Na schön, was aber sollen diese beklemmenden Rufe des

Nachtgreifs? Will der Kauz auf etwas aufmerksam machen, das nahe Ende des Jägers ankünden? Teufel, was war da im Busch ...?

In der Tat, und jetzt kam es Andreas erst zu Bewußtsein, der alte Hochsitz schwankte bedenklich! Vor einiger Zeit stürzte ein Grünrock von so einer morschen Holzruine Freund Hein glattweg in die Arme.

Andreas vermeinte plötzlich, einen Adrenalincocktail getrunken zu haben!

„Sei vorsichtig ..., sei vorsichtig", kam nun auch noch die warnende Stimme seiner Frau aus der Düsterkeit des anbrechenden Morgens, und die Alpträume erhielten einen grausamen Beigeschmack. Neuerlich rebellierte das Körperhaar des Jägers, und alle Käuze dieser Welt bedeuteten ihm in diesen Augenblicken die Inkarnation des Schreckens.

Von Horrorvisionen geplagt, verließ Andreas mit wackeligen Beinen den Eichenhochsitz und flüchtete in den nahen, großen Schlag, den niedrige Stockausschläge bedeckten.

„Fort, nur fort vom Hochholz, damit dem irren Nachtgreif die Möglichkeit des Aufhakens genommen ist", hämmerte es in den Schläfen des Mannes, und diese Rechnung sollte tatsächlich aufgehen. Der verrückte Steinkauz blieb im Wald zurück, verstummte allmählich ... Ruhe kehrte ein.

Halleluja!

Andreas brauchte nicht mehr im heiligen Zorn zu versinken und richtete dankbar seinen Blick nach Osten, wo am Horizont der zaghafte Lichtschein des neuen Tages lag. Ganz wollte der Jäger dem Frieden noch nicht trauen, doch es blieb still, mucksmäuschenstill. In diesen Augenblicken begriff Andreas Stecher – wie nie zuvor in seinem Leben – das Phänomen Stille, die auch schmerzen und schreiend laut auf die Seele einwirken kann.

Was für ein Wechselbad der Gefühle!

Ein Leben lang hatte Andreas die Natur, ihre Rhythmen und Gesetze beobachtet und vieles niedergeschrieben, wobei ihm in so manchen Situationen sein mangelndes Wissen um die Tier- und Pflanzenwelt schmerzhaft zum Bewußtsein kam. Oft dachte er, man müsse sich ganz der Schöpfung hingeben, um eine harmonische Beziehung zu den Tieren herzustellen, um einmal „tierischer als das Tier sein zu können"!

Keine Frage: Diese morgendliche Begegnung mit dem Steinkauz erhielt in Stechers Aufzeichnungen besonderen Stellenwert. Noch wußte er allerdings nicht, daß es im Laufe der Zeit weitere Schnittpunkte mit dem Wichtl geben sollte.

Doch wenden wir uns wieder dem mit Irritationen angereicherten Morgen zu, der noch nicht zur Gänze der Vergangenheit angehörte, dessen Ende für den Jäger noch im Verborgenen lag.

Beim ersten brauchbaren Licht sah und schoß Andreas inmitten des Schlages, in den er vor dem Steinkauz kopf- und atemlos geflüchtet war, einen stark abgekommenen Rehbock, der, wie man später feststellte, einen vom Knochenkrebs schlimm zerfressenen Kiefer hatte. Welch armselige, von argen Schmerzen gequälte Kreatur!

Das Außergewöhnliche daran? Kurz bevor der Jäger die erlösende Kugel versenden konnte, kam aus dem Holz noch einmal das nervtötende „Komm mit". Andreas Stecher horchte verblüfft zum Wald hinüber, doch es sollte an jenem Morgen der letzte Ruf des Wichtls bleiben.

Zufall, Fügung, Schickung ...?

„Manchmal schreibt das Leben wahrlich die unwirklichsten Geschichten", spann der Jäger seine Gedanken. Dann fiel es ihm plötzlich wie Schuppen von den Augen: Die Begegnung mit dem Steinkauz war möglicherweise von Beginn an auf die Erlösung des elenden Rehbocks ausgerichtet!

Warum nicht? Was weiß der Mensch schon von solchen „überirdischen" Dingen. In unzähligen Fällen ist er auf Theorien angewiesen, die immer häufiger umzustoßen sind. Zahllose Rätsel finden sich auf dieser Welt, um deren Aufklärung sich der Mensch ständig bemüht. Herausgekommen ist dabei allerdings wenig, und die meisten dieser Mysterien werden wieder ungelöst im Dunkel der Weltgeschichte versinken.

* * *

Es sah nach Regen aus, daher wählte Andreas Stecher die Kanzel am Schlaggraben. Diese Reviereinrichtung stand am unteren Ende eines zur Höhe schwingenden, arg verbuschten Hanges, den ein nicht allzu tiefer Graben in der Längsrichtung durchzog. In dem Blätterdschungel ließ sich jetzt Wild nur noch mit großer Mühe und großem Glück ausmachen. Ganz anders im Winter, wenn Schnee lag und das Astwerk kein Laub trug.

In geschäftiger Eile turnte im Geäst einer Buche ein Trupp Goldhähnchen an der Kanzel vorbei. Es macht Freude, dem kleinsten Sänger dieser

Breiten bei seinem quicklebendigen Treiben zuzusehen. Freude im doppelten Sinn, denn viele Vogelarten, die vor einigen Jahrzehnten noch als „Allerweltsvögel" galten, eine riesige Verbreitung hatten und mit unzähligen Brutpaaren aufwarten konnten, werden heute durch den alles verhüttelnden und zubetonierenden Menschen an den Rand ihrer Existenz gedrängt: „... denn sie wissen nicht, was sie tun!"

Der Abend kam behutsam aus der Ferne, wo die Konturen der Bäume ineinanderflossen. Die Blumen an den Waldrändern schlossen ihre Honigläden, und die Schmetterlinge schliefen in den Gräsern. Im violetten Licht des verlöschenden Himmels begannen andere Blüten zu duften, und die Nachtfalter, die Schwärmer erwachten. Bald verkündete der erste Eulenruf die Nacht. Wenn die Dunkelheit hereinbricht, geht in der Tierwelt eine Art „Schichtwechsel" über die Bühne. Die einen ziehen sich zurück, die anderen kommen aus ihren Einständen, Schlupfwinkeln und Löchern hervor.

Es begann zu regnen. Zunächst fein, zögernd, kaum merklich. Da und dort fielen winzige Tropfen. Schlagartig rauschte dann das Himmelswasser hernieder, es gab einen richtigen Guß. Doch es blieb bei einem Scheingefecht, eine dicke Wolke mußte Wasser lassen!

Rasch zerriß das halbe Mondgesicht den schweren Dunst, den die wochenlang auf Regen wartende, aufatmende Erde zum Himmel schickte. Milchiges Licht überflutete den Schlaggraben. Grillen kamen aus ihren Erdlöchern und fidelten lustig drauflos. Stimmen der Nacht sind am besten mit dem Herzen wahrzunehmen. Die nahe Feldregion erschloß sich dem stärker werdenden Mondlicht. Alle Tiere, ob groß, klein oder winzig, tranken vom Regen, der noch schwer an den Halmen hing.

Was sollte Andreas Stecher tun? Zu Hause harrten sie seiner. Werner, Hans und Robert. Man hielt die Freunde, allesamt Jäger, für ein unzertrennliches, vierblättriges Kleeblatt, das einander an bestimmten Tagen zu Gesprächen und einer Tarockpartie traf.

„Freunde, ich komme, ein wenig müßt ihr euch aber noch in Geduld fassen", spann Andreas Stecher seine Gedanken, als plötzlich Sauenspektakel aus dem Holz drang.

„Das hörbar dahinziehende Schweinevolk wird wohl, wie immer, konsequent die Deckung nützen, bevor es irgendwo den Weg, der Wald und Feldregion trennt, im sprichwörtlichen Schweinsgalopp überfällt. Den vom

Mondlicht übergossenen Schlaggraben wird die Rotte mit großer Wahrscheinlichkeit meiden."

Und es geschah, wie Andreas vermutet hatte. Auf der Krone des Hügels hörte er die Sauen durch den Bestand ziehen. Gleich mochten sie die Eichenjugend passiert haben, und dann konnte der Jäger seelenruhig seine Zelte abbrechen.

Wer heute beim königlichen Spiel wohl den ersten Solodreier spielen wird ...? Wahrscheinlich Werner, dem Fortuna meist das gütigste Lächeln schenkte. Möglicherweise war er aber auch der gewitzigste Spieler.

Plötzlich drang der Ruf eines Steinkauzes aus dem nahen Holz an das Ohr Andreas Stechers. Er nahm das starke Nachtglas noch einmal an die Augen. Der Schatten da oben in der rechten Ecke des Schlages ...? Der Wald beherbergt viele geheimnisvolle Trugbilder, und das dort oben gab es vorhin ja auch schon. Nein, es bewegte sich. Herrgott, dort brach ein Schwarzkittel, ein Sonderling, dem der Lärm der Rotte mißfiel.

Während sich seine Sippe der Feldregion näherte, walgte der Einzelgänger im erlöschenden Mündungsfeuer den steilen Hang herunter. Es ging alles so rasch, daß bei Andreas nicht einmal der in solchen Situationen unausbleibliche Adrenalinstoß zur Ausschüttung kam.

Und wem hatte Andreas Stecher sein Waidmannsheil zu danken? Dem Wichtl, das durch seinen Ruf den Jäger bewog, den Schlag noch einmal abzuleuchten. Ging das noch mit rechten Dingen zu?

Bald stand Andreas vor einem Hosenflicker, der Freude machte, der auch niemandem ein Dorn im Auge sein konnte. Höchstens einem grundsätzlichen Neider, und solche gibt es immer; manchmal wie Sand am Meer. Man kennt sie, selbst wenn sie eine noch so scheinheilige Miene aufsetzen. Die Kälte in ihren Augen spricht Bände. Darüber vermögen auch die zu einem anerkennenden Grinsen verzogenen Backen nicht hinwegzutäuschen, der Eishauch in ihren Augen bleibt.

In den Augen der Freunde fand sich aber kein Neid. Alle drei wollten mit hinaus, um beim Bringen des Keilers dabeizusein. Erst dann wurden die Karten neu gemischt, und das königliche Spiel konnte beginnen. Gläserklang läutete einen fröhlichen Abend ein, und die herbe Sauwittrung an Andreas' Händen wollte den ganzen Abend nicht weichen. Immer wieder stieg der kräftige Wildgeruch in seine Nase, und die Münzen häuften sich am Spieltisch vor ihm. „Schwein gehabt", im doppelten Sinne des Wortes!

Bei Gott nicht nur das königliche Spiel vereinte das Kleeblatt. Mehr noch liebte Andreas Stecher das Gespräch mit den Freunden vor dem Kamin. Stunde um Stunde versanken sie in philosophischen Betrachtungen, und die Jagd kam dabei nie zu kurz; die Jagd nicht! Viele Themen wälzten sie. An jenem Abend brachten sie noch die Totenwacht aufs Tapet, und sie waren sich einig, darauf nicht verzichten zu wollen. Selbst wenn dieser besinnliche Waidmannsbrauch – mag er auch eine etwas unglückliche Bezeichnung tragen – nicht mehr ganz dem Zeitgeist entspricht. Heute schießen die Büchsen präziser, knallen die Flinten lauter, ist der „Gefechtslärm" unüberhörbar geworden. Manch einer braucht halt nach der Erbeutung eines Stück Wildes weniger die besinnliche Stunde, dafür mehr den Szenenapplaus. Wer sich im Wirtshaus, die noch schweißtriefende Trophäe auf dem Tisch, lauthals feiern läßt, hat die Jagd weder von der Pike auf gelernt noch ihren Sinn verstanden …

* * *

Hans rief Andreas Stecher zum alljährlichen, gemeinsamen, unumstößlichen Sauansitz. Trotz des Wissens, daß die Herzschlagnachricht kommen würde, mußte, ging mit ihr immer ein freudiger Überraschungseffekt einher. Die Schulter-an-Schulter-Sauansitze im Monat des Staatsfeiertages, im Oktober, beginnend einige Tage vor dem vollen Mond, waren beiden längst zur lieben Gewohnheit, zum Ritual geworden.

Die ersten zwei Tage mußte Andreas Stecher allerdings – wider ihre Gepflogenheiten – allein ins Revier, da sein Freund mit einer Monstergrippe und einer großen Portion Wut im Bauch schwitzend im Wundbett saß. Andreas' mitgebrachte Medizin, benannt Weißburgunder, erzielte zunächst nur Teilerfolge. Man wußte nicht, wer mehr glühte, Hans oder der Wein!

Am ersten Tag hüllte dichtes Gewölk den Mond von Beginn an ein. Die von den telegenen Wetterfröschen wohl präzise prophezeite, von Andreas jedoch nicht akzeptierte Schlechtwetterfront zog des Nachts über ihn hinweg. Grauenhaft! Regen, Finsternis; sonst nichts. Bei strömendem Regen verließ Andreas um Mitternacht den Sauwald und fuhr frustriert nach Hause. Da noch Licht aus der Krankenstube des Freundes schimmerte, warf Andreas einen Blick hinein. Da lag der liebe, alte Haudegen, und sein Kopf glühte noch immer wie ein Lampion. Andreas' Kurzrapport, en passant, erhellte das Gesicht des Geschundenen merklich. Er hatte nichts versäumt!

Bonne nuit, mon ami! Gute Nacht, mein Freund!

Anderentags fuhr Andreas abermals allein in den Sauwald. Das Signal für den Beginn des zweiten Sauansitzes setzte ein Steinkauz mit einem langanhaltenden Ruf. Freude konnte man aus ihm heraushören, Freude auf die bevorstehende Nachtjagd, die im stockfinsteren Wald auf ihn wartete. Unzählige Mäuse, die sich in der Finsternis völlig sicher wähnten, werden dem lautlos jagenden Nachtgreif zur todsicheren Beute. So ist es! Überall gibt es Tiere – der Mensch sei bei dieser Betrachtung nicht ausgeschlossen –, die andere töten müssen, um überleben zu können.

„Was wohl mein Steinkauz macht, das närrische Wichtl, das mich das Fürchten lehrte und dabei so viele Fragen offenließ", dachte Andreas Stecher und hätte am liebsten gleichfalls einen langen, tremolierenden Freudensruf getan. Die bevorstehende Nacht, die bei schönstem Wetter über die Bühne ging, versetzte den Jäger in eine vergnügliche Stimmung. Und der arme Hans schwitzte zu Hause nach wie vor leise fluchend vor sich hin.

So spielt das Leben!

Das nachtaktive Wild, dem auch in jener kommenden Nacht wieder Andreas' Interesse galt, trägt eine dicke Schwarte und hat außer der Menschheit keine Feinde; doch das genügt voll und ganz, um das große Volk der Wildschweine nicht übermütig werden zu lassen. Es gibt kaum einen Landstrich, in dem der Jäger sein Schwarzwild nicht fest im Griff hat. Dafür sorgt schon der von den Schwarzkitteln verursachte Wildschaden, der wie ein Damoklesschwert über allen betroffenen Jagdpächtern hängt. In reinen Waldrevieren, die Wildschweine beherbergen, schaut die Sache wesentlich anders aus.

An jenem Abend erwartete Andreas Stecher Sauen an einer Suhle, bei der man einen Hochsitz kunstgerecht in eine alte Buche hineingezimmert hatte. Die Schwarzkittel nahmen, wenn sie sich im Revier aufhielten, gerne dieses schlammige Wasserloch an. Unzählige Fährten legten im Nahbereich der Suhle Zeugnis davon ab. Das Suhlen dient dem Borstenkleid und gibt Schutz gegen Ungeziefer. Nach der faulen Siesta tagsüber im dampfenden Kessel scheint den Schwarzkitteln abends ein erfrischendes Bad großes Vergnügen zu bereiten. Und nachher …? Nichts als Fressen, wenn es sein muß, die ganze lange Nacht hindurch. Und auf Kilometer, die während der Suche nach Freßbarem zurückzulegen sind, kommt es dem Schweinevolk bei Gott nicht an.

An dieser Suhle, einem herrlichen, verstohlen liegenden Plätzchen, zu dem sich kaum wilder Zivilisationslärm verirrte, hatten nur Tiere und Naturgewalten das Sagen. Nächtens erfüllten hier Stimmen und Geräusche die Luft. Alle kannte sie der Jäger, weil sein Ohr ein Leben lang Interesse dafür bekundete.

Zu diesem Wasserloch in dem gottvollen Winkel führte ein mit Gras und Moos bedeckter, feuchter, schummriger Waldweg. Ein Pirschweg par excellence, den alle hier jagenden Grünröcke gerne benutzten. Die Wildschweine kamen jedoch, wie das Fährtenbild wies, einer Sternfahrt gleich aus allen Himmelsrichtungen. Sie nahmen ihren Weg durch dichtes Unterholz, das unter den Eichen üppig wucherte, abstarb, um dann krachdürr den Waldboden zu bedecken. Mit anderen Worten: Man hörte die Sauen kommen, konnte seinen Gedanken nachhängen, mußte nicht fortwährend auf der Lauer liegen – wie manch ahnungsloses Menschlein meint (!) –, mußte sein Augenlicht nicht ständig strapazieren.

All das dachte der einsame Jäger, während die Nacht mehr und mehr auf ihn zukam. Meditation ergab sich in solchen Stunden inmitten der unendlichen Laubwälder, die einem das Gefühl gaben, in einem riesigen Tempel zu sitzen, wie von selbst.

Der Tag ging, die Nacht öffnete ihre Tore weit.

Das Licht reichte gerade noch, und Andreas machte wieder einmal routinemäßig einen Blick zum Waldweg hin, der rechts vom Buchensitz zur Suhle führte. Dabei stockte dem Jäger schier das Blut in den Adern. Die Sauen sollten doch hörbar durchs trockene Fallholz anwechseln, und nun stand da unten, wie aus dem Zylinder gezaubert, ein zottiger Schwarzkittel! Kaum eine Pistolenschußweite trennte Andreas von der todsicher scheinenden Beute. Der Stärke nach ein Überläufer, der auf die Dunkelheit nicht mehr warten wollte, den möglicherweise lästig pikende Parasiten zu einem frühen Schlammbad animiert hatten. Andreas konnte das nur recht sein. Bloß eines: Der Schwarzkittel stand äußerst ungünstig, rührte sich nicht von der Stelle. Und dennoch mußte der Jäger aktiv werden.

Eine satanische Stimme, der der erfahrene Saujäger prompt auf den Leim fing, flüsterte schalmeienhaft: „Langsam die Büchse an die Wange, und die Sau gehört dir.“ Das klang ekelhaft einfach, doch der Teufel steckt bekanntlich im Detail, wovon sich Andreas Stecher alsbald überzeugen konnte. Der enge Sitz war nämlich ganz auf die Suhle hin ausgerichtet, und die Sau stand extrem rechts hinten auf dem Weg. Dieses Problem zu lösen, schien alles andere denn einfach. Beim geringsten Geräusch würde der Schwarzkittel garantiert über alle Berge sein.

Na denn! Die Drehung des Oberkörpers gelang lautlos, ebenso, das linke Knie aufs Sitzbrett zu schieben. Aua, was drückte da so scheußlich auf den lädierten Meniskus?

„So, jetzt geht's", flüsterte das Teufelchen. Stecher – nicht Andreas, sondern jener der Büchse! – und Sau führten ein kurzes, prägnantes Zwiegespräch: „Klick" hieß es auf der einen Seite, „wuff" auf der anderen – und die Szene war leer.

Am liebsten hätte sich Andreas geohrfeigt. Wie konnte er nur die Büchse einstechen! Hatte er noch nie getan, wenn Sauen oder anderes Wild so nahe dem Hochsitz standen; wohl aber oft über Grünröcke gelacht, wenn diese von derartigen Gedankenlosigkeiten erzählten.

Liebe alte Freunde fielen ihm ein. Leider auch Napoleon, der einmal gesagt haben soll: „Vom Erhabenen zum Lächerlichen ist nur ein Schritt!"

„Lieber Heinz M., verzeih mein schallendes Lachen, das ich nicht unterdrücken konnte, als du vor vielen Jahren in einer Redaktion von dem gleichen Mißgeschick erzähltest. Lach jetzt nur, wenn du von den ewigen Jagdgründen aus zusehen konntest, wie blöd ich mich anstellte. Auch Hans mag trotz Grippe in ein dröhnendes Gelächter ausbrechen, wenn ich ihm morgen von meiner Meisterleistung erzähle", sinnierte Andreas und fügte sich demütig seinem Schicksal.

Gestern hatten seine heurigen Sauabenteuer in diesem Revier wahrlich nicht glücklich begonnen. Doch heute spürte Andreas Stecher – trotz des Ausrutschers von vorhin –, daß sein Jagen unter einem guten Stern stand.

Warum die Sau so früh zur Suhle zog, blieb ein Rätsel. Wahrscheinlich durfte man doch die lästigen Schmarotzer, für die auch elefantöse Sauschwarten kein Hindernis darstellen, verantwortlich machen. Rätselhaftem begegnet der Waidmann sehr oft beim Jagen! Nach der rasch verebbten Enttäuschung fühlte sich Andreas Stecher – wie immer nach solchen oder ähnlichen Erlebnissen – von allen jagdlichen Zwängen befreit. „Komme, was kommen mag", lautete in solchen Situationen sein Motto, und er blieb eisern sitzen. Es gab ja noch andere Wildschweine, und es schien auch nicht ausgeschlossen, daß die so konfus vergrämte Sau noch einmal zum lockenden Wasserloch wechseln würde. Vielleicht später, wenn längst tiefe Nacht über der Suhle brütete.

Auch seinen stärksten Keiler erlegte Andreas Stecher völlig überraschend an einem Augusttag um 19.30 Uhr. Im Gelsenwald der Leithaauen querte das urige Wild den Weg des Jägers, als es einem Rehbock galt. Wahrlich, unergründlich sind die Wechsel des Wildes, was wiederum das Jagen so reizvoll und spannend macht!

Friedvolle, nächtliche Einsamkeit. Es gibt einen Hang des Menschen, nicht allein zu sein; das zählt jedoch nicht für den Jäger, der oft allein sein muß und dies auch will, da die Einsamkeit zu seinem Leben gehört.

Der leise Abendwind trug ihm hin und wieder einige kaum hörbare Fetzen verzerrter Tanzmusik aus einem fernen Dorf zu. Im weiten Umkreis jagte ein Zeltfest das andere. Nichts für einen Jäger, dem der Zug der Lemminge ein Grauen ist. Außerdem, wer weiß, wie lange der Grünrock noch die Natur in vollen Zügen genießen darf. Niemand ahnt, was nach dem Tod der Regenwälder am Äquator geschieht. Werden Wetter und Klima kippen und den gesamten Haushalt der Erde in ein ungeahntes Desaster stürzen? Der ganze Reichtum dieser Welt könnte zu wenig sein, um die vom Schöpfer gewollte Ordnung wiederherzustellen. Das möge man auch im Umgang mit dem größten Gut Wasser bedenken.

Vor Monaten weilte Andreas Stecher zum letzten Male hier. Ohne Waidmannsheil zu haben. Als lange nach Mitternacht noch immer kein Wildschwein die Suhle annahm, warf er das Handtuch und sich selbst nach weiteren zwanzig Minuten hundemüde auf die Matratze. Hans erging es damals nicht besser. Doch heute zählte diese „saulose“ Nacht längst nicht mehr, und mit neuen Hoffnungen harrte der Jäger der Dinge, die da kommen mußten! Andreas spürte es.

Dabei zog in jener vergangenen Nacht eine starke Rotte des urigen Wildes in greifbarer Nähe des Wasserloches. Das Brechen der schweren Sauen und das unaufhörliche Quieken der quirligen Frischlinge klang wie Musik in den Ohren des angespannten Jägers. In wenigen Minuten mußte das ewig hungrige und badefreudige Schweinevolk die erfrischende Suhle erreichen. Doch plötzlich kamen böige Winde auf, die mehrmals dem Jäger in den Nacken stießen und den anwechselnden Schwarzkitteln die verhaßte

Menschenwittrung auf den Wurf schlugen. Ein böser Streich des Wettermachers. Kaum waren die Geräusche der Rotte in der Nacht vertropft, gingen auch die verräterischen Winde zur Ruhe.

Einer der treuesten Verbündeten des Wildes hatte den beutelüsternen Jäger wieder einmal auf ganz hinterhältige Weise ausgetrickst. Trotzdem behielt er jene Nacht als zauberhaft, mit knisternder Spannung geladen in Erinnerung. Es sollte eben nicht sein.

Und heute …? Noch besaß Andreas genügend Kraft und Energie um auszuharren, noch lag eine lange Ansitznacht mit all ihren geheimnisvollen Erwartungen vor ihm.

Langsam kam das Mondlicht, begleitet von einer allmählich einsetzenden herbstlichen Frische. Die erfolgreich jagenden Käuze lachten, auf dem Waldboden wimmelte es ja nur so von den kleinen Nagern. Die Eulenpopulation lebte wie im Schlaraffenland, so lange diese „vitale Nahrungsquelle" existierte. Das verrückte Wichtl kam Andreas in den Sinn. Ob es dieses noch gab? Warum nicht?

Andreas sehnte sich schon ein wenig nach Schlaf, und es bedurfte einer gewissen Standhaftigkeit, sich von der Müdigkeit nicht übermannen zu lassen. Und in dieses schläfrige Dahindösen schlagartig ein gewaltiger Schauder! Der Jäger wußte zunächst nicht, was sich eigentlich zugetragen hatte. Er verspürte einen kräftigen Windstoß im Gesicht und sah im selben Augenblick in zwei leuchtende, feurige Augen, die die Szene gespenstig machten. Ein Kauz! Auf der Brüstung des Hochstandes landete er, plusterte sich mächtig auf und stob erst nach Sekunden schwingenschlagend davon.

Ein nächtliches Geschehen, das Andreas unter die Haut ging. Was wollten bloß die Käuze von ihm? Dem Jäger fiel es schwer, an reine Zufälle zu glauben, und die Konfrontationen mit dem Nachtjäger hatten Stecher ein wenig dünnhäutig gemacht!

In der Tat? In der Tat!

Sekunden tropften träge in Minuten, die sich wie eine zähflüssige Masse zu Stunden formten. Manchmal kann sich der Jäger in diesen Zeitspannen nur mit Illusionen und Visionen über Wasser halten, zu weiterem Ausharren motivieren.

Wenn dieser Stock dort drüben eine Sau wäre, wenn das Schweinevolk in absehbarer Zeit von den Feldern in den Wald zurückwechseln würde, wenn ein uriger Basse nach Mitternacht allein zur Suhle käme – wenn, wenn, wenn. Wenn Hans nicht krank wäre, säße er jetzt irgendwo in diesem Sauwald und hätte unter Umständen bereits ein Wildschwein gestreckt. Allmählich fühlte sich Andreas von bleischwerer Müdigkeit umgarnt, hielt es für angebracht, für einige Augenblicke die Augen zu schließen. Er stürzte dabei in ein dunkles Loch, um darin in wenigen Minuten zu erleben, wovon er mit offenen Augen stundenlang geträumt hatte. Sauen, Sauen – überall Sauen!

Plötzlich war jedoch die Gefahr schläfriger Langeweile wie weggeblasen. Irgendwo im nächtlichen Wald ging ein dürrer Ast krachend in Brüche, das tadellos funktionierende Gehör des Jägers holte den Schläfrigen schlagartig in die Wirklichkeit zurück. Alle Sinne gingen auf Alarmstufe!

Abermals ein Brechen. Bedenklich nahe bereits. Da zog keine Rotte heran, sondern vermutlich ein einzelner Schwarzkittel, der ein Bad nehmen wollte. Dem Jäger konnte das nur recht sein, diesmal wollte er sich nicht überraschen lassen.

Das Mondlicht leuchtete den gegenüberliegenden Rand des Wasserloches prächtig aus. Hoffentlich wollte gerade dort die Sau die Suhle annehmen. Neuerdings ging ein Dürrling splitternd in Brüche, diesmal noch bedrohlich näher.

Längst lag die entsicherte, eingestochene Büchse gut eingebettet auf der Brüstung und zeigte in jene Richtung, aus der das letzte nervenkitzelnde Signal sein Ohr erreicht hatte. Mit Hilfe der starken Optik tastete Andreas den Waldrand hinter der Suhle ab und sah schemenhaft die vorsichtig anwechselnde Wildsau, deren Konturen zwischen den Eichen langsam Gestalt annahm. Vor einem mächtigen Stamm kam der Schwarzkittel ruckartig zur Ruhe und sicherte unendlich lange in Richtung Hochsitz. Das Atmen fiel Andreas schwer, die Sau stand ja zum Greifen nahe, und ihre herbe Wittrung kitzelte des Jägers Nase. Ein aus der Finsternis kommender Mäuselärm ließ den Schwarzkittel endlich das Haupt zur Seite wenden, und das Fadenkreuz stand reglos unter seinem Teller.

Die Schallwelle des Knalls ließ für kurze Zeit das närrische Spiel der Nager im alten Dürrlaub verstummen. Ein Kauz rief, es klang, als wollte er den Tod auslachen. Das Wichtl …?

Stakkatohaftes Verschlegeln des im Feuer gebliebenen urigen Wildes und ehrliche Freude bei Andreas Stecher über das Ausbleiben einer

„Schlammschlacht". Alles schon dagewesen, bis ins Detail „ausgekostet", wenn ein Wildschwein die Todesflucht in die Suhle noch schaffte.

Auch dieser dreijährige Keiler – wie vor kurzem jener im Schlaggraben – mochte nicht mehr mit der Rotte ziehen. Kam sich dazu zu erhaben vor, wollte bereits in die Fußstapfen – sprich Trittsiegel – älterer Semester treten.

Rote Arbeit, Totenwacht. Und die Käuze jauchzten! Stimmungsbilder, die nur der auf Katzenpfoten jagende Grünrock erleben kann, dem heilige Stille mehr bedeutet als frenetischer Lärm.

Auf der Fahrt in den nachtschlafenden Ort, um einen Traktor zur Bringung der Beute zu organisieren – Hans sollte erst nach einer gut durchschlafenen Nacht von dem Waidmannsheil erfahren –, lag starke Sauwittrung im Wagen und erinnerte Andreas an sein letztes Spielglück im Kreise seiner Freunde. Würde sich diesmal ein anderes freudiges Ereignis damit verbinden …? Noch wußte er nichts von den Geschehnissen der kommenden Nacht.

Den Besitzer des Traktors ersuchte Andreas Stecher, mit dem Keiler erst während der klassischen Frühstückszeit zum Haus des Jagdherrn zu kommen. Möglicherweise wirkte der Anblick des Schwarzkittels auf Hans als Stimulans, rascher auf die wackeligen, grippegeschwächten Läufe zu kommen!

Nach einem Häubchen Schlaf und einer kalten Dusche verließ Andreas gut gelaunt das Gästezimmer, um dem Jagdherrn seine Reverenz zu erweisen, um ihm – vor Eintreffen des Traktors mit dem Keiler – von den Begebnissen der vergangenen Nacht „Teilbericht" zu erstatten.

Jedesmal faszinierte Andreas Stecher das russische Gemälde, das im Erker hing und, von der Morgensonne übergossen, ein besonderes Flair ausstrahlte. Priester in schweren goldenen Gewändern, Ikonenglanz, die ganze Prachtentfaltung russisch-orthodoxer Frömmigkeit ergötzten des Jägers Auge. Gab man sich völlig der Betrachtung hin, ließen sich mit einem Male sogar dunkle Gesänge der bärtigen Männer vernehmen!

Andreas erschrak, als er urplötzlich eine Hand auf seiner Schulter spürte. Hans, in voller Lebensgröße, mit fröhlich zwinkernden Äuglein, hatte ihn überrascht. Welch eine Freude! Der Kopf des Freundes glühte zwar noch immer ein wenig, doch was soll's, Hans stand wieder fest auf seinen Beinen.

„Waidmannsheil, was hast du erlegt?!"

„Ich, wie kommst du darauf?"

„Ein Kauz rief vor meinem Fenster, ich erwachte und hörte unmittelbar darauf den vom Kugelschlag begleiteten Knall, der untrüglich aus den Eichenwäldern kam." In den Augen des Jagdherrn blitzte der Schalk.

„Ein Kauz rief, ist's möglich, war's ‚mein Wichtl', soll das mit diesem Vogel eine unendliche Geschichte werden …?"

Gut, daß in diesem Augenblick der Traktor mit dem Wildschwein in den Hof getuckert kam, denn wie der Neid nicht aus den Augen zu bannen ist, läßt sich auch die Freude im Blick nicht verbergen. Und so schien sich die vollständige Genesung des Jagdherrn beim Anblick des urigen Wildes zu vollziehen. Sein „Waidmannsheil!" bedeutete Musik für die Ohren Andreas Stechers.

Die Genesung ihres Mannes und das Waidmannsheil des Freundes veranlaßten die liebenswürdige Frau des Hauses, ein opulentes Frühstück auf den Tisch zu zaubern. Die gute Fee hatte wohl das tiefe Knurren in der Magenhöhle des glücklichen Jägers vernommen! Auch ein Glas Schampus gab es, allerdings nicht für den schmollenden Hausherrn, der sich noch einmal mit einer Tasse Grippetee begnügen mußte.

Wunschlos glücklich mit seinem Waidmannsheil, dachte Andreas an Abschied. Vor dem Haus stand der mit allen Reise- und Jagdutensilien vollbepackte Wagen zur Heimfahrt bereit. Doch davon wollte der Jagdherr nichts wissen.

„Bleib, bitte, noch eine Nacht und geh mit mir auf Sauen. Ich fühle mich noch nicht ganz auf dem Damm, daher wäre es gut, dich in meiner Nähe zu wissen." Diesen Wunsch konnte Andreas seinem Freund natürlich nicht abschlagen.

Wohliges, faules Nichtstun den ganzen Tag über. Nach fröhlichem Sektfrühstück und vor erholsamer Vormittagssiesta – die Strapazen der vergangenen Nacht steckten Andreas Stecher doch noch ein wenig in den Knochen – reichte seine Energie gerade noch für einen Spaziergang mit den Hunden, was ihm vor allem Rita, seine begnadete Hündin, der meist die Arbeit fehlte, zu danken wußte. Schade um sie!

Nachmittags versanken die Freunde nach einem frugalen Mittagmahl – sie baten um ein solches, wollten erst vor dem Nachtansitz ordentlich zulangen – in endlose Gespräche; ein Glas Weißburgunder, Hans wollte vom Grippetee nichts mehr wissen, und erlesene Opernmelodien waren dabei ihre Weggefährten. Zauber der Musik und Liebe zum Waidwerk bildeten den Ursprung ihrer langjährigen Freundschaft. Der Vater des Hausherrn lauschte meist still ihren Gesprächen. Krankheit und Alter hatten ihn entkräftet, seinen Geist jedoch nicht brechen können. In seinen vergreisten Augen leuchtete noch ein Feuer, das die geistige Präsenz recht deutlich unterstrich.

Ein Teil des besinnlichen Nachmittags gehörte selbstredend der Rückblende auf gemeinsames Jagen. Und dabei kam völlig unvermutet, wie ein Blitz aus heiterem Himmel, die Frage des Jagdherrn: „Hast du hier eigentlich schon einmal einen Fehlschuß getan?" Kopfschütteln und Erstaunen bei Andreas Stecher. Hans bohrte weiter: „Du schießt doch in meinem Revier etwa fünf Stück Schalenwild im Jahr, und das schon über mehr als ein Jahrzehnt. Wie kann man da ohne Fehlschuß und ohne Arbeit des Hundes auskommen?"

„Eine gute Frage, ebenso von anderen Jägern oft gestellt. Mehr noch, man fragte mich gelegentlich auch, warum ich nicht den Mut aufbringe, von Fehlschüssen zu erzählen. Fragen, die unter die Haut gehen, aus der Reserve locken. Sollte ich etwa Fehlschüsse erfinden, um darüber berichten zu können? Das tue ich gewiß nicht!

Natürlich gab es in meinem jagdlichen Dasein einige Fehlschüsse, doch sie lassen sich – die letzten drei bis vier Jahrzehnte – an den Fingern einer Hand abzählen. Klar, daß ich von Kugelschüssen rede. Ich zählte mich nie zu jenen, die mit ihrer Schießleistung prahlten. Nur einmal holte mich ein wenig der Stolz ein, als ich bei einer internationalen Schießveranstaltung einige Ringe mehr erreichte als ein neben mir schießender Olympiasieger. Die vielen Preise und Trophäen, die mir im Laufe der Zeit bei Schießbewerben zugefallen sind, haben mich nie hochmütig gemacht.

Es wurde mir von Jugend an zur Selbstverständlichkeit, gute Schießleistungen zu erbringen. Das verdanke ich meinem Lehrmeister, einem großartigen Menschen und Jäger. Sebastian, den ich abgöttisch liebte, brachte mir das Schießen mit einfachen, hieb- und stichfesten Worten bei. Daran hab' ich mich ein Leben lang gehalten, und damit sind meine Schießleistungen zu erklären."

„Und was hat dir Sebastian geraten?"

„Voraussetzung für die Abgabe eines sicheren Schusses – bei Beachtung ausreichender Lichtverhältnisse und angemessener Entfernung – ist eine brauchbare Auflage für Büchse und rechten Arm. Nach Ansicht des alten Sebastian sollte man nur sitzend oder liegend schießen."

Hans wiegte den Kopf und meinte: „Ein gutes Auge und Begabung mögen dabei auch eine Rolle spielen; vor allem aber ... Moral! Wie manche Leute heute mit ihrem Schießeisen umgehen, läßt sich ja nicht mehr tolerieren. Sie schießen aus allen Stellungen und Lagen, kein Wunder, wenn der Fehlschuß zu ihrer Jagd gehört wie etwa der Bergstock und der Jägerhut."

„Hans, du hast vollkommen recht. Es gibt ‚Jäger', die Fehlschüsse ohne mit der Wimper zu zucken wegstecken, sich darüber noch lustig machen, als hätten sie eine Scheibe beschossen. Treffen oder nicht treffen, scheint ihre Parole zu lauten. Und da sind wir schon bei jenen, die auf unglaubliche Entfernungen schießen und mit tierischem Ernst meinen, nicht geschossen zu haben, sei auch gefehlt."

„Waidmänner, die Ethik auch bei der Jagdausübung nicht missen wollen, werden solche Sprüche nicht in den Mund nehmen und auch nicht danach handeln", warf der Vater des Jagdherrn ein. Seine Ausdrucksweise klang dabei so monoton, daß man meinen konnte, er habe ein Leben lang Litanei gebetet und vermochte darum den gewissen Tonfall nicht mehr loszuwerden ...

Ein Blick durchs Fenster zeigte den unendlichen Eichenwald im warmen Abendlicht. In zwei Stunden konnten sich die Freunde auf den Weg machen.

Nach dem gemütlichen Abendmahl schmiedeten sie zunächst Pläne für den bevorstehenden Nachtansitz. Andreas wollte eigentlich ohne Büchse seinem Freund als Begleiter zur Seite stehen, doch das lehnte jener entschieden ab. Ganz unmißverständlich und ohne Wenn und Aber tönte der wiedergenesene Hans mit gespielter Grabesstimme: „Dein unersättliches Jägerherz mußt du ein andermal bezähmen."

Hans lachte schallend, und Andreas gab sich geschlagen. Das fiel ihm nicht allzu schwer, denn die Tage hier standen nun einmal unter dem Motto: Saujagd!

Nach längerem Hin und Her einten sich die Freunde. Bei einem vom Schwarzwild stark angenommenen, langgestreckten Kukuruzacker standen zwei Hochsitze, die sie beziehen wollten, da Sichtkontakt bestand. Andreas' grippegeschwächter Freund konnte mit Lichtsignalen jederzeit kundtun, daß er den Ansitz abbrechen wolle.

Als Hans gerüstet und gewappnet vor Andreas stand, fragte sich dieser, wie der Freund, dem antiken Phönix aus der Asche nicht unähnlich, so schnell dem dampfenden Krankenbett hatte entfliehen können. Andreas schwor immer nur auf die Medizinflasche mit dem Etikett „Weißburgunder"! „Die Sehnsucht nach der Jagd wird es wohl gewesen sein, die Hans so schnell auf die Beine brachte", dachte Andreas, und mit einem fröhlichen, wohlklingenden „Waidmannsheil!" der Hausherrin zogen die beiden Freunde in die Nacht hinaus.

Auf ihren Weg fiel schon fahles Mondlicht. Nach kurzer Fahrt und knappem Anmarsch standen sie vor dem ersten Hochsitz, den Hans vorsichtig bestieg. Zweihundert Männerschritte weiter sah sich dann Andreas am Ziel. Gespenstig wuchtete die niedrige Kanzel aus dem zwielichtigen Dunkel. Rita meisterte bravourös den Aufstieg über die kurze Leiter. Rasch lag alles für den langen Nachtansitz parat, Jäger und Hund fühlten sich pudelwohl.

Der Vorbereitung kommt bei der nächtlichen Saujagd enorme Wichtigkeit zu, entscheidet sie doch oft über Erfolg oder Mißerfolg. Rasch noch ein Lichtsignal von hüben und drüben, ja, alles funktionierte; die Nacht konnte ihren Lauf nehmen.

Wenn Käuze lachten, hob Rita jedesmal interessiert ihren schönen Kopf. Wie sich die Hündin wohl verhalten hätte, wäre sie dabeigewesen, als ihr Herrchen von dem außer sich geratenen Wichtl genarrt wurde? Doch dieses unglaubliche Erlebnis war allein Andreas Stecher vorbehalten. Solche Fakten gehören möglicherweise zu den seltsamsten Dingen zwischen Himmel und Erde, und man sollte vielleicht gar nicht daran rühren. Der Kauz präsentierte sich jedenfalls als Tier, dem das Attribut ulkig gebührt, meinte der Jäger am Beginn der einsamen Nachtstunden. Zeit des Kramens in längst versunkener Vergangenheit, Zeit der Vorschau in vage Zukunft.

Am Ende des vom Schwarzwild arg zerpflügten Maisfeldes stand, unweit des Hochsitzes, auf dem Hans den nächtlichen Ereignissen entgegensah, eine Gruppe hoher Bäume, deren nächtliches Gesamtbild einer Pyramide – welch Laune der Natur – sehr ähnelte. Durch diese übermächtigen Bauwerke wollten sich Könige und Herrscher über den Tod erheben, doch in Wirklichkeit hatte in diesen überdimensionalen Grufträumen auch nur Freund Hein das Sagen. Im Schoß Mutter Erde schläft es sich zweifellos nicht schlechter, wenn der Wildbach des Lebens für immer versiegt.

Zunächst sah Andreas Stecher den Feuerblitz, dann erst fuhr die Schallwelle des Knalles um seine Ohren. Das durfte doch nicht wahr sein, so früh Schwarzwild bei Hans …?

Was für ein Segen, wenn die menschliche Automatik klaglos funktioniert. Mehr im Unterbewußtsein schoben Andreas' Hände die entsicherte Büchse auf die gerichtete weiche Auflage, der Stecher klickte, und schon rauschte es in den krachdürren Maisstämmen ungestüm heran. Im Schweinsgalopp preschte ein Schwarzkittel fast bis zum Hochsitz, wandte sich dann ruckartig nach links und kam erst am Rand des Eichenbestandes, der das Feld umfangen hielt, zur Ruhe. Gefahrvolles Verhoffen!

Im Knall versank das nächtliche Schattenbild. Rita geriet völlig aus dem Häuschen, und Hans erbat mit Lichtsignalen das Kommen des Freundes.

Keine Frage, dieses Waidmannsheil hatte der Zufall bestellt, doch so ist die Jagd, sie wird dadurch ewig spannend und atemberaubend bleiben. Was sich wohl bei Hans ereignet hatte?

Rita äugte verständnislos zu ihrem Herrchen auf, als sie nicht zum eigenen Anschuß gingen und fügte sich nur schweren Herzens dem unverständlichen Befehl. „Dem Mutigen hilft Gott", sagt Schiller im Tell, doch in derartigen Augenblicken wollte sich Andreas Stecher nie auf den zur Volksweisheit gewordenen Ausspruch verlassen. Einer nächtens beschossenen Sau sogleich in den dunklen Bestand zu folgen, wäre ein Nonsens. Zuwarten heißt in solchen Fällen die Devise!

Hans stand unweit des Hochstandes bei einem im Feuer gebliebenen Überläufer, dem Rita sofort ungestüm an die Schwarte fuhr.

„Waidmannsheil! Damit hast du die Grippe endgültig besiegt!"

„Das will ich hoffen, doch wie schaut es bei dir aus? Hast du nun endlich das erste Luftloch in meinem Revier fabriziert …?" ätzte Hans schmunzelnd und schaute dabei erwartungsvoll in das Gesicht seines Freundes.

„Möglich, der Schwarzkittel stand am Waldrand schon im Schlagschatten der Bäume", lautete Andreas' verschleierte Antwort. Er spielte das Spiel gerne mit, obwohl er sich seiner Sache völlig sicher wähnte. Nach dem Schuß blieb es still im Unterholz, ließ sich kein lärmendes Wegbrechen vernehmen.

Nach einiger Zeit stapften die Freunde gemächlich zum Anschuß. Untrüglich hell leuchtete es im Schein der Taschenlampe, und nach wenigen Schritten lag Schweiß, wie mit der Kanne ausgeschüttet. Rita, das arbeitslose Mädchen, ging freudig an das unbedeutende Werk. Zwei Überläufer, die in jener Nacht ihre Meister gefunden hatten.

Besinnliche Totenwacht, gottvolles Ritual, mit Rauchopfer und Geist aus dem Flachmann. Inmitten der herrlichen Eichen fühlten die Freunde deutlich, die größte Schatzkammer des Waidwerks ist nun einmal der Wald; mit seinem Tod würden auch die Träume des Jägers sterben. Es mag am Waidmann liegen zu verstehen, daß die Zeit, in der er Jahrhunderte hindurch seinen Verbündeten sehen durfte, heute in manchen Fällen gegen ihn steht.

Nach dem Bringen der nächtlichen Beute ließen die beiden Freunde den glücklichen Tag im Jagdzimmer ausklingen. Ein vollmundiger Blaufränkischer – noblesse oblige – bereitete dieser Stunde und dem gemeinsamen Waidmannsheil alle Ehre. Das nächtliche Geschehen in den nahen Eichenwäldern wurde noch einmal zum Inhalt ihres Gespräches, das letztlich auch dem bevorstehenden Abschied galt. Sie schmiedeten Pläne für zukünftiges Jagen, das noch im kommenden Winter möglich sein sollte.

* * *

Beim zweiten Anruf, den Andreas Stecher entgegennahm, klang Roberts Stimme bereits ein wenig ungeduldig: „Was ist nun, kommst du auf den alten Achter oder läßt du es bleiben?“

„Lieber Freund, du wirst es nicht glauben, ich bin schon unterwegs, also halt mich, bitte, nicht auf …“

Bald saßen Andreas und Robert einander gegenüber. „Dein Hirsch konzertiert am Moserboden, daß die Adlerwände nur so zittern, und du treibst dich in der Weltgeschichte herum!“

„Lieber Robert, jetzt bin ich hier und jetzt will ich mit Freude den alten Hirsch waidwerken … hoffentlich kommt morgen nicht der prophezeite Wettersturz.“

Zunächst kam die Nacht und mit ihr das große Unbehagen: Wie wird das Wetter morgen sein? Es goß in Strömen den ganzen und auch den folgenden Tag. Die Wege waren aufgeweicht und grundlos geworden. Gigantische Seen entstanden in der Niederung, da die Bäche all das Naß nicht mehr schlucken konnten. Kein gutes Omen für den dritten Tag, und der

Blick in die brodelnde Hexenküche ließ eher Gedanken an Sintflut als an Schönwetter aufkommen.

Immer wieder unterbrachen die Freunde ihre Gespräche, immer wieder ging Andreas zum Fenster, und jedesmal wandte er sich mürrisch ab. Draußen fiel im rauschenden Regen das Laub von den Bäumen, und nur mit Mühe gelang es Robert, seinen Freund noch einen Tag festzuhalten.

„Ewig schade um die nutzlos versessene Zeit. Ich fahre nach Hause und komme wieder, sobald Regen und Nebel über die Berge sind."

„Bist du wieder hier eintriffst, ist die Hirschbrunft längst vorbei", lautete stets die stereotype Antwort Roberts, die Andreas letztlich doch zum Bleiben veranlaßte.

Der Abend brach herein, und die Freunde versanken im Herrenzimmer nicht nur in bequemen Klubsesseln, sondern auch in Bausch und Bogen – wie an den beiden Tagen zuvor – in unendlichen Gesprächen. Gemeinsam erlebtes Jagen feierte vergnügliche Auferstehung, zu der geleerten Flasche Wein gesellte sich bald eine zweite, und urplötzlich kam der Aberglaube aufs Tapet.

„Der Jagdaberglaube genoß im Mittelalter seine Blütezeit. Für die Legendenbildung gab es damals keine Schranken, und man glaubte wahrhaftig an alles. An Gott und seinen Widerpart, an Heilige und Hexen, an Wahres und Falsches, Weises und Irrsinniges", sagte Andreas.

Und Robert entgegnete: „Diese Zeit wurde vom Wahnsinn geprägt, doch auch in meinem Leben sah ich mich oft mit unglaublichen Dingen konfrontiert, die in das große Kapitel Aberglaube gehörten und beileibe nichts mit jagdlichem Brauchtum zu tun hatten. Ich denke jetzt beispielsweise an Sebastian, der schon meinem Vater ein Leben lang als Revierjäger treu diente."

„Reiner Zufall", warf Andreas dazwischen ein. „Auch mein Lehrmeister trug diesen Namen, war ein Sebastian. Doch davon später."

Robert schien in Gedanken zu versinken, bevor er schmunzelnd weitersprach: „In der Tat, des Schöpfers Phantasie kannte keine Grenzen, als er unsere Welt erschuf. Nicht nur der Artenreichtum dieser Erde setzt uns stets von neuem in Erstaunen, nein, auch die Mannigfaltigkeit des Homo sapiens scheint unermeßlich. Ganz abgesehen von der Hautfarbe. Ich denke vielmehr an die vielgestaltigen, verschiedenartigen Geschöpfe, die täglich unsere Wege kreuzen: Riesen – Zwerge, Dicke – Dünne, Geistreiche –

Wirrköpfe, Ehrliche – Falsche, Fröhliche – Ernste, Großsprecher – Schweigsame."

Die Freunde nahmen einen Schluck aus ihren funkelnden Bleikristallgläsern, und Robert – einmal im Redefluß – nahm seine Ausführungen wieder auf.

„Zurück zu Sebastian. Ein hervorragender Jäger, ein gutherziger Mensch, jedoch total – so hatte es den Anschein – im Aberglauben verstrickt. Man konnte sich oft des Eindrucks nicht erwehren, der Jäger stamme aus einer Zeit, in der Werwölfe, Hexen und allerlei Spuk den Ton angaben, die Menschheit beherrschten. Ich kann mich an zahllose solche Episoden erinnern. Vorweg ein Beispiel von vielen. Verschlechterte sich in einer Vollmondnacht das Wetter, setzte Regen ein, sah Sebastian darin böse Zeichen und wollte am folgenden Tag partout von Jagd und Waidwerk nichts wissen." Robert erhob sich, ging zum Fenster und ließ sich mit erhellter Miene wieder in seinen Fauteuil fallen.

„Wenn ich mich recht entsinne – ich war damals, als Sebastian starb, ein Jungjäger von etwa zwanzig Jahren –, brütete der Alte oft über einem Buch mit dem Titel ‚Der Schamane'. Kein Wunder demnach, daß der Grünrock mit Irrglauben und Geisterkult bis obenhin vollgestopft war."

„Woher kam Sebastian eigentlich?"

„Er entstammte einer Jägerfamilie, seine Wiege stand mitten im Böhmerwald, und er hatte todsicher alles über Wald, Wild und Waidwerk schon mit der Muttermilch in sich aufgenommen. Er galt weithin als Vollblutjäger, der mir Grünschnabel als gütiger, verständnisvoller Lehrmeister zur Verfügung stand, der mich in all die vielen Geheimnisse des Waidwerks liebevoll einweihte."

„Von diesem deinem Lehrmeister wußte ich ja noch gar nichts."

„Lieber Andreas, du wirst es kaum für möglich halten: Fährten und Spuren las ich – dank der Hilfe des Jägers – schon im Kindesalter perfekt. Sebastian bedeutete mir schlechthin das Maß aller Dinge, wenn es ums Jagen ging."

„Warum hast du mir davon nie erzählt, Robert?" fragte Andreas interessiert.

„Wir hatten wahrscheinlich noch nie soviel Zeit, um von diesen längst versunkenen Dingen zu reden", antwortete der Freund schmunzelnd und setzte seine Erzählung fort.

„Nach meiner glücklichen Rückkehr aus dem unseligen Krieg durfte ich nur noch einige Pirschen mit dem alten Jäger erleben – es schien fast, als hätte er auf mich gewartet –, dann rückte er in die ewigen Jagdgründe ab; still und ohne großes Aufheben, seinem ganzen Leben entsprechend.

Sebastian, meist wortkarg, beherrschte auch die hohe Kunst des Erzählens. Wenn er sich einmal dazu entschlossen und den richtigen Gesprächspartner gefunden hatte, erzählte er nicht, sondern erlebte all diese Dinge und ließ seinen Zuhörer miterleben. Er ahmte obendrein alle Tierlaute meisterhaft nach. Wenn er röhrte, fiepte, pfiff, glöckelte, rodelte oder spißte, nahmen die Tiere, die er imitierte, von denen er gerade erzählte, förmlich Gestalt an."

Andreas lächelte, und seine Augen hingen an Roberts Lippen.

„Sebastian könnte man so etwas wie einen Wünschelrutengänger der Jagd nennen. Es hatte immer den Anschein, daß dort, wo er pirschte oder ansaß, Wild in Anblick kam. Ganz bestimmt besaß der hervorragende Jäger eine gute Nase, ein gutes Gespür für Wind und Wetter, kannte sein Revier und die Lebensgewohnheiten des Wildes wie kein zweiter. Kein Wechsel, kein Baum oder Horst blieben ihm fremd. Er las aus Spuren- und Fährtenbildern mehr, als andere aus den dicksten Wälzern es vermögen. Selbstredend hatte der Jäger auch Neider, doch das lag in der Natur der Sache, denn das Bessere ist nun einmal des Guten Feind. Schwachköpfe sagten ihm sogar ein Bündnis mit überirdischen Kräften nach!"

Roberts Augen suchten die funkelnden Weingläser. „Prost, mein Freund, morgen schießt du deinen Hirsch."

„Du sprichst ja wie Sebastian!"

„Mag sein, doch jetzt zurück zu ihm, zu dem Jäger, Lehrmeister und väterlichen Freund. An einem kalten, aber schönen Wintertag fand ich mich bei Sebastian ein, um mit ihm auf Kahlwild zu pirschen, doch der Jäger zeigte von Beginn an keinerlei Interesse, mir als Pirschführer – wie abgesprochen und ausgemacht – zur Verfügung zu stehen. Der Grund für sein sonderbares Verhalten? Bald sollte ich ihn erfahren. Seine ‚Mirl', eine Kuh unbestimmten Alters, hatte am Morgen keinen Tropfen Milch gegeben; darin sah Sebastian ein böses Vorzeichen und – wollte von der Jagd an jenem Tag nichts wissen. In solchen Situationen neigte der Jäger dazu, sich völlig abzukapseln, Vogel Strauß zu spielen. Befand er sich in einer derartigen kritischen Phase, tat man entschieden gut daran, ihn in Ruhe zu lassen.

Der Zufall wollte es, daß ausgerechnet an jenem Tag mein Vater – von einem anderen Jäger geführt – bei der Gamspirsch in eine Schlucht stürzte und sich dabei schwer verletzte. Ein tragischer Unfall, doch Sebastian wußte es anders zu deuten. Niemand hätte damals im Revier die Jagd ausüben dürfen, da die ‚Mirl' – du weißt schon – keine Milch geben wollte.

So war Sebastian. Ein begnadeter Jäger, aber im Schattenreich von Aberglaube und Dämonenfurcht versunken."

„Unglaublich, geradezu absurd", sinnierte Andreas und nippte von seinem Glas.

„Einige Tage danach holten wir die entfallene Kahlwildpirsch nach, und dabei verblüffte mich Sebastian einmal mehr mit seinem jagdlichen Können, mit seinem Riecher – oder stand er etwa tatsächlich mit ‚höheren Mächten' im Bunde?!"

„Jetzt spricht wohl die Güte des Blaufränkischen aus dir", meinte Andreas, hüllte sich aber sofort wieder in Schweigen.

„Ich glaube, du wirst anderer Meinung sein, wenn du mich zu Ende erzählen läßt. Höre. Nach längerer, erfolgloser Pirsch erreichten wir einen Bodensitz, von Sebastian am Rande eines steil abfallenden, kaum bewachsenen Schlages kunstgerecht in ein Felsköpfel hineingezimmert. Am Talboden – über eine Kugelschußentfernung hinaus – standen mächtige Buchen. Die glatten Leiber der riesigen Bäume glänzten silbrig im Licht der schräg stehenden Nachmittagssonne. Bilder, die man ein Leben lang nicht vergißt. Wir saßen längere Zeit, glasten den Schlag und vor allem dessen Ränder ab, als Sebastian seelenruhig sagte: ‚Das Schmaltier dort unten in den Buchen sollten wir schießen.' Typisch Sebastian. Er hatte kaum das Bedürfnis zu spontanen Äußerungen, Bemerkungen. Bei ihm schlummerte alles im Inneren. Von seinem Denken und Fühlen gab es ganz selten Mitteilungen im großen Ausmaß. Er ging eigentlich nur dann aus sich heraus, wenn es ihn nach Öffnung seiner Seele verlangte."

„Allmählich versteh' ich", meinte Andreas mit leicht nickendem Kopf.

„Du kannst mir glauben, ich war damals richtig baff, und es dauerte geraume Weile, bis ich endlich das Schmaltier, zu dem sich wenig später noch Kalb und Tier gesellten, im Buchenbestand ausmachen konnte. Eigentlich sah man von dem im Bett sitzenden Stück nur das Haupt zwischen den Stämmen. Doch das genügte Sebastian, um penibel anzusprechen. Die Fähigkeiten des Alten gingen in vielen Fällen einfach ins Unglaubliche.

K.-P. Reif

Manchmal meinte ich auch, der Grünrock genoß es – ohne es zu zeigen –, anderen seine Überlegenheit fühlen zu lassen."

„So mag es gewesen sein, möglicherweise schrieben ihm dieses Verhalten seine Götter vor", erwiderte Andreas und griff nach seinem Glas.

„Nachdem sich dann auch Tier und Kalb in der Nähe des Schmaltieres niedergetan hatten, sagte Sebastian leichthin, daß er mir nun das Kahlwild zudrücken werde. Er beschrieb ganz genau den Platz, an dem ich meinen Stand beziehen sollte, und setzte sich dann gemächlich in Bewegung. ‚Es kann eine ganze Weile dauern', brummte er noch in seinen Bart und über die Schulter, bevor ihn das Unterholz schluckte.

Bald stand ich vor dem mit dickem Moos überzogenen Stein, der mir vor dem anwechselnden Hochwild Deckung bieten sollte. Ein wenig ungläubig harrte ich damals der von Sebastian vorausgesagten Dinge. Wird das Kahlwild tatsächlich den Wechsel, an dem ich stand, annehmen …? Wenn mir der Alte manchmal mit seinen präzisen Prophezeiungen schier unheimlich wurde, wünschte ich hie und da, daß er einem Trugschluß unterliegen möge. Doch es traf ein, wie Sebastian vorausgesagt hatte. Heimlich und leise zogen Tier, Kalb und Schmaltier den Berg herauf, kaum eine Schrotschußweite von meinem Stand entfernt."

„Unglaublich", warf Andreas ein, und seine Augen leuchteten, als hätte er das Schmaltier selbst erlegt.

„Bis der Alte damals eintraf, hatte ich die rote Arbeit getan, und wir standen im stillen Staunen vor dem ausschweißenden Wild. Sebastian, wie immer ruhig und ohne Gemütsbewegung. Nur in seinen Augen lag ein Schimmer, der seine Zustimmung zu dem gelungenen, richtigen Abschuß bekundete. Jedes weitere Wort schien seiner Meinung nach wahrscheinlich überflüssig.

So war Sebastian, der Jäger. Er ist längst zu Staub zerfallen, doch in mir lebt er weiter, als Symbolfigur meiner waidmännischen Lehr- und Wanderjahre. Lange lag für mich eine Ahnung seiner Gegenwart im Revier. Selbst seine dunkle Stimme meinte ich manchmal im Getöse des Sturmes zu hören. Eine Stimme, wie das Echo meiner Erinnerungen an Sebastian. Erinnerungen an eine unvergessene Gestalt, die im Nebel der Zeiten entschwunden ist."

„Wie gesagt, purer Zufall", darauf Andreas, „daß auch mein jagdlicher Lehrmeister Sebastian hieß. Ein uriger Jäger, den ich abgöttisch verehrte, dem ich meinen waidmännischen Werdegang, für den ich mich nie genieren mußte, verdanke. Allein der sichere Schuß, den er mich lehrte, wog mehr als alles andere. Grausam, mit welch untauglichen Mitteln heute das Schießen gelehrt – und dabei noch von Ethik gesprochen wird. Ich habe erst letzthin mit Hans darüber ausgiebig diskutiert."

Wie auf Kommando unterbrachen die Freunde ihren Gedankenaustausch, lauschten, stürzten zum Fenster und führten einen Freudentanz auf. Der Blaufränkische schuf manch lustige Quadrillefigur! Der Regen hatte aufgehört, Sterne funkelten am Himmel!

Ab in die Federn, wo Andreas aber kaum die Wohltat des Schlafes zu spüren bekam. Der Geist des genossenen Rebensaftes? Die pulsierende Vorfreude auf das jetzt vielleicht doch noch Wirklichkeit werdende Jagderlebnis? Wer wußte es zu sagen ...

Schlaftrunken fuhr der Jäger nach wenigen Stunden aus dem Bett und mit dem Brummschädel an einen im Gästezimmer tiefhängenden Geweihluster, als er leises, mahnendes Klopfen an der Tür vernahm.

Das Wetter? Andreas steckte seinen Kopf durchs Fenster. Puh, frisch! Fast eine brennende Frostnacht. Hauptsache, es fiel kein Wasser mehr vom Himmel.

Nach einem gehaltvollen Jägerfrühstück verließen die Freunde das Jagdhaus und machten sich, lange vor Schußlicht, auf den Weg. Rita durfte mit und zeigte darob unverhohlen ihre Freude.

Schon nach kurzem Marsch hörten sie die ersten Hirsche. Dann schrien die Geweihten rundum. Im langsamen Weiterpirschen zählten sie ein halbes Dutzend verschiedene Stimmen. Oder mehr? Robert interessierte das nicht sonderlich, er wollte es gar nicht wissen und hatte nur ein Ziel vor Augen: den Moserboden unter der Adlerwand. Sie führte diesen Namen, da seit Menschengedenken dort ein Adlerpaar horstete. Und unter dieser Felswand, am Moserboden, residierte seit Jahren ein Hirsch. Und den sollte Andreas heute waidwerken. Schon im Vorjahr wollten die Freunde den alten Achter strecken, doch der Methusalem schlug ihnen ein Schnippchen nach dem anderen. Sie sahen sich die ganze Brunft über auf der Verliererstraße. Verbündeter des Geweihten war der Wind, der ständig küselte, der die beiden Jäger nach Strich und Faden austrickste.

Am letzten Tag vor Andreas' unaufschiebbarer Abreise standen Robert und Andreas schon ganz nahe am Hirsch, der im starkverbuschten Graben unter dem Moserboden wütete. Die Freunde hörten das Getöse und sahen Erde, Moos und Holzstücke im hohen Bogen über Strauchwerk fliegen. Den Hirsch erblickten sie für wenige Augenblicke nur schemenhaft, bis sich der Wind zum letzten Mal als Schlitzohr erwies.

Heute sollte ihnen Hubertus aber endlich gnädig sein. Am Weg durchs Hochholz graute bereits der Tag. Als sie den Moserboden erreichten, breitete sich zaghaftes Schußlicht aus. Der Pascha …? Von dem sah und hörte man nichts, obwohl rundum andere Hirsche orgelten.

Für die beiden Freunde im Bodensitzl am Ende des Moserbodens stand das Morgenlüfterl gut, in ihr Gesicht schnitt es allerdings ganz gehörig. Hier mußten die Jäger bleiben und hoffen, daß der Wind nicht wieder drehte, bevor der Hirsch in Anblick kam.

„Der Hirsch mag noch unten im Graben stecken", raunte Robert Andreas zu, und schon dröhnte der erste gewaltige Schrei aus der Tiefe. Robert stieß seinen Freund in die Seite und flüsterte: „Das ist er."

Das Brunftrudel – ganz sicher hatte der Hirsch Kahlwild bei sich – mußte noch unten im Grund der Senke stehen. Doch die hallenden Rufe kamen näher.

„Wenn der Hirsch die Richtung beibehält, muß er in günstiger Schußposition in den Moserboden ziehen", sagte Robert mit dumpfer Stimme und stupste Andreas, den das Hirschfieber bereits ein wenig zeichnete, aufmunternd in die Seite.

Das Rudel zog zügig zur Höhe, und bald schob sich das erste Rot überaus vorsichtig aus einer Gruppe Jungfichten. Ein Alttier. Weiteres Kahlwild folgte, zwei junge Beihirsche, ein Zehner und ein Achter, und zu guter Letzt Tier mit Kalb. Wo aber blieb der Platzhirsch, der in der Brunft seit Jahren den Moserboden beherrscht hatte …?

Überall röhrten die Hirsche, klangen Spreng- und Kampfruf den Jägern ins Ohr, nur am Moserboden blieb es still. Erst als einer der Beihirsche einen jämmerlich pubertären Schrei in die Welt setzte, begann die Bühne zu leben.

„Das ist er", flüsterte Robert, als ein starker Hirsch wütend aus der Deckung fuhr. Prachtvolle Bilder entwickelten sich, als der Platzhirsch mit schwarzer, wallender Mähne die jungen, unangenehmen Nebenbuhler in die Schranken wies. Der Alte fegte dabei schreiend hin und her, denn kaum hatte er einen der zudringlichen Jünglinge vertrieben, kam der andere von der Maschekseite angeschlichen. Dennoch konnte man sich des Eindrucks nicht erwehren, daß der „Herr vom Moserboden" die Sache nicht mehr so ganz ernst nahm. Von Brunft und Alter gezeichnet, sah der Recke schon ein wenig mitgenommen aus.

Bewegungslos dösend, mit Dunstfahnen vor dem leicht geöffneten Äser, zeigte er Breitseite, als ihm die Kugel aus Andreas' Büchse hart aufs Blatt schlug. Der alte Hirsch warf sich im Schuß mit gewaltigem Schwung herum – zum letzten Male war in dem riesigen Körper wilde Urkraft frei geworden – und ging hochflüchtig den steilen Abhang hinunter. Deutlich ließ sich das Schlagen der Schalen auf steinigem Grund vernehmen. Der Alte jagte genau zu jener Stelle, wo die Freunde im Vorjahr für Augenblicke seine Umrisse sahen, als er im blindwütigen Zorn seine Umgebung bearbeitet hatte. Aus der Tiefe der Schlucht kam ein letztes berstendes Brechen, dann lag Ruhe über dem Moserboden.

„Waidmannsheil!" In den Augen der Freunde funkelte Freude, sie wußten, was sie da unten erwartete. Die ungeheure Spannung, die Andreas und Robert in den letzten Minuten gefangenhielt, fiel nun wie ein Stein von ihnen.

Die Freunde zeigten keine Eile und nahmen erst nach geraumer Weile die deutlich helleuchtende Rotfährte auf. Rita hingegen geriet völlig aus dem Häuschen und fieberte ihrem Auftritt entgegen, den ihr Andreas sehr bald gewährte. Die Freunde blieben stehen, bis der wohltönende Hals der Hündin aus der Tiefe schallte.

Augenblicke, die ans Herz des Jägers greifen!

Bald hernach standen auch die beiden Waidmänner vor dem alten Achter, dem „Herrn des Moserbodens". Das Haupt des Hirsches lag zur Seite geneigt ins Dürrlaub gebettet, und eine Stange ragte empor. Ein Hirsch, der einem Jäger, bei dem Trophäengewicht, Stangenlänge, Rosenumfang eine sekundäre Rolle spielen, große Freude bereitet. Keine Frage, in den vergangenen Jahren trug der Alte vom Moserboden ein um vieles stärkeres Geweih, doch diese Gedanken bekümmerten den glücklichen Erleger nicht.

Als die beiden Freunde am Rückweg zum Jagdhaus aus dem schattigen Hochholz traten, sahen sie in ein herbstlich geschmücktes, sonnendurchflutetes Tal; Roberts Heimat.

„Ich lebe gerne hier, wo sich still und bescheiden eine elitäre Jägerschaft angesiedelt hat. Streit mit Nachbarn, Haß, Neid, Grenzschindereien kennen wir nicht. Warum wohl? Es gibt hier keine stinkreichen Wirtschaftsgurus, die der Jagd außer Geld nichts zu geben imstande sind. In diesem Tal herrscht unter den Grünröcken Friede und Zusammenhalt. Alte Jagdbräuche, die anderswo in Vergessenheit geraten sind, möglicherweise aus moderner Arroganz, sind hier noch gang und gäbe. Glaub mir, Andreas, manch einer, der seine Heimat, aus welchen Gründen immer, verlassen mußte, starb in der Fremde an gebrochenem Herzen. Mir würde es ganz sicher genauso ergehen."

„Das kann ich verstehen und das glaube ich dir, Robert. Du lebst in einem jagdlichen Eldorado. Noch schreien die Hirsche in deinen Wäldern, noch haben sie hier ihre hohe Zeit. Mögen die Menschen alles tun, um dieses urige Wild der Nachwelt zu erhalten."

„Was mich und meine hier lebenden Freunde betrifft, wird das ganz sicher geschehen. Doch du weißt, wir leben in einer Welt, in der manch ein Jäger zu Askese und Bescheidenheit nicht gerade leicht Zugang findet. Den Schluß daraus muß jeder selber ziehen."

* * *

Irgendwann in diesem Herbst rief Werner seine Freunde zu sich, um ihnen – wie seit vielen Jahren – einen jagdlichen Leckerbissen zu servieren!

Fasanensuche nach Art des Hauses hieß die Devise! Für eine gemütliche Gockelsuche ließen alle vier jede große Herbstjagd fahren. Das Jagdl im engsten Freundeskreis verschuf ihnen einen wahren Hochgenuß, den sie nur einmal im Jahr erlebten und nicht, wie in manch einem Revier üblich, wöchentlich, bis der letzte Mohikaner am Galgen hing.

Andreas fragte sich oft, warum ihn allein der Gedanke an eine bevorstehende Fasanenjagd so rasch auf Touren brachte, so faszinierte. Woran lag das? Am trommelnden Geknatter der schwirrenden Schwingenschläge, wenn ein Fasanhahn aufgeregt gockend aus der Deckung fuhr? Trug möglicherweise auch das fremdartige Aussehen des Vogels dazu bei? Andreas fand eigentlich nie eine Antwort auf all diese Fragen, verspürte jedoch immer ein gewisses „Hahnenfieber", wenn es dem Exoten galt.

Der Fasan, dieser beliebte Einwanderer, der erst einige Jahrhunderte im mitteleuropäischen Raum den Jäger erfreut, lohnt im Herbst dem Heger, wie kaum ein anderes Wild, die Fürsorge des Jahres. So wie in seiner Urheimat – Kleinasien, China und Japan – bilden vorwiegend Auwälder, bewachsene Flußufer, Schilfbestände, unterholzreiche Remisen in Feldgebieten seinen Lebensraum. In diesen Breiten ist der Fasan fast überall zu Hause. Wasserlose Landstriche und rauhe Gegenden behagen ihm allerdings nicht.

Je näher Andreas dem Hügelland und dem von sauren Wiesen umgebenen Bachgrund kam, desto schneller lief sein Wagen. Die Freude auf ein Wiedersehen mit den Freunden pulste mächtig in ihm.

Und dann der herzliche Empfang bei Werner, Robert und Hans waren kurz zuvor eingetroffen. Einem gemütlichen Abend stand nichts mehr im Wege. Sigi, die warmherzige Frau des Hauses, sorgte sich liebevoll um das Wohl des „rauhen Jägervolks“. Dabei war die gute Fee nie gegenwärtig und doch immer da, wenn es einen Wunsch zu erfüllen gab.

Nach dem mit vielen Köstlichkeiten gespickten Abendmahl verlor sich das „vierblättrige Kleeblatt“, wie man die unzertrennlichen Freunde gerne nannte, in nicht enden wollenden Gesprächen. Erst als Werner, Haus- und Jagdherr in einer Person, an die bevorstehende Fasanensuche und den damit verbundenen ganztägigen Fußmarsch erinnerte, suchte man nolens volens die Gästezimmer auf.

Andreas, in seiner wohnlichen Mansarde angekommen, öffnete weit das Fenster, um prickelnde Frischluft in den Raum zu lassen. Noch während er versonnen in den nachtfinsteren, mit Bäumen dicht bestandenen Garten blickte, erschreckte ihn das nahe, schrille „Kuwitt, kuwitt“ eines Wichtls.

„Nein, nicht schon wieder“, murmelte Andreas, schloß das Fenster und zog rasch die Vorhänge zu. Draußen blieb es still, und bald lag das Jagdhaus im tiefen Schlaf. Nur Andreas brütete lange hellwach vor sich hin. Allmählich gaben ihm die Erlebnisse und Berührungen mit dem Steinkauz unerforschliche Rätsel auf, wie etwa der Zug der Lemminge, die sich in einem Akt kollektiven Selbstmordes über die Klippen stürzen.

Nach einem alle Sprachen sprechenden Jägerfrühstück nahmen sie gleich vom Haus weg den „Tageshatscher“, wie Robert weitschauend meinte, unter ihre Füße. Vier Gewehre, zwei engagierte Treiberbuben, die vor Tatendrang nur so bibberten, und der alte Rex, der ruhig und gelassen die kleine Jagdgesellschaft überblickte, um sich dann unaufgefordert an die linke Seite seines Herrn zu heften.

Leider mußte Andreas an jenem Tag seine Rita zu Hause lassen. Ihr Liebesleben drängte wieder einmal nach Erfüllung, und Rex, trotz seines Alters noch ein stürmischer Liebhaber, durfte man nicht trauen.

Bevor die kleine Crew in die taubehangenen Wiesen stieg, stand ein kurzer Kriegsrat auf dem Programm. Das Palaver gehörte seit Jahren zu diesem Tag, wäre jedoch nicht notwendig gewesen, da jeder genau wußte, was auf ihn zukam. Selbst die beiden Buben, schon einige Male mit von der Partie, wußten, „wie der Hase lief“, wie man so sagt.

Da Rita fehlte, lag die hundische Hauptarbeit allein bei Rex, einem wahren Fasanenspezialisten! Der alte Kämpe hatte im Laufe seiner Hundejahre alle Schliche und Eigenarten der schillernden Vögel durchschaut, kannte überdies jeden verborgenen Winkel im Bachgrund und verstand es meisterhaft, dem gesuchten Federwild von der richtigen Seite her beizukommen. Dabei war es ihm – so lange seine Kräfte reichten – vollkommen egal, wie viele Fasane in Mais, Schilf oder Grasfilz steckten. Rex hielt immer Fühlung mit Werner und stieß die Fasane meist schützengerecht aus der Deckung. Infolge der Kleinheit der Jagdgesellschaft profitierten alle vier Schützen von der excellenten Arbeit des Rüden.

Andreas dachte wehmütig an Rita, sie wäre mit Feuereifer dabeigewesen und hätte ihr Können mit viel Herz unter Beweis gestellt. Da nur ein Hund zur Verfügung stand, wollten die Freunde am Vormittag bachaufwärts das linke Ufer begehen, um am Rückweg die Streife auf der anderen Bachseite anzulegen. In den vergangenen Jahren nahmen zwei Jäger mit einem Hund je eine Bachseite.

Bald polterten die ersten Hahnen schimpfend aus dem Grasfilz. Zu weit. Andreas, der etwas vorgezogen den Bach entlangging, holte mit einem Schnappschuß den ersten Hahn, der durch ein Erlengestrüpp zu entwischen versuchte, auf die Erde zurück. Das gab Auftrieb und verscheuchte das gewisse „Hahnenfieber“. Als ihm gleich danach eine saubere Dublette gelang, ließen sich die „Hochrufe“ seiner Freunde nicht mehr überhören.

Welch fulminanter Beginn!

Rex konnte sich über Arbeitsmangel nicht beklagen. Rita fehlte, und der Rüde mußte im Übermaß seine Fähigkeiten beweisen. Toll, wie bombensicher er einen geflügelten, weit vor der Schützenkette niedergegangenen Hahn brachte. Doch, wie gesagt, Rex zählte nicht mehr zu den Jüngsten und zeigte sich nach geraumer Zeit schon ein wenig müde. Er machte auch dann noch seine Arbeit, jedoch nicht mehr so spritzig wie zu

Beginn. Die Freunde merkten es an den Hahnen, die, geschickt die Deckung nützend, ausliefen und ungeschoren das Weite suchten. Aber es gab genügend Fasane, alle Jäger kamen immer wieder auf ihre Rechnung und machten reiche Beute in den sauren Wiesen am Bach.

Nicht mehr lange, und den alten Rüden kennzeichneten deutliche Ermüdungserscheinungen. Bald sollte allen der kleinen Jagdgesellschaft, vor allem Rex, eine Rast zur Regeneration dienen. Zuvor gab es jedoch, wie jedes Jahr, noch eine jagdliche Delikatesse. Direkt am Ort der Mittagsruhe lag am Bach ein nicht allzu großer Schilfschoppen, der voll Fasanen – oder völlig leer sein konnte. Eine kniffl ige, kribbelige Frage, die allen unter die Haut ging, Schützen wie Treiberbuben brennend interessierte. Letztere erfreuten sich an reicher Beute, da ihnen pro erlegten Hahn ein nobles Trinkgeld winkte.

Kaum waren die beiden vom ererbten Jägerblut beflügelten Buben und der „hundemüde“ Rex im Rohrgewirr verschwunden, vernahm man schon das erste Aufprasseln von Schwingen, untermalt vom aufgeregten Gocken eines Fasanhahns. Schrote aus Roberts Flinte stoppten vortrefflich diesen Höhenflug. Was unmittelbar danach geschah, läßt sich nur in Superlativen beschreiben. Plötzlich ein schwirrendes Surren, und ein Bukett von Fasanen erfüllte die Luft über dem Schilf. Hennen in rauher Menge und dazwischen die schillernden Hahnen.

Ein Bild für Götter!

Der Himmel lebte, leider nur für wenige Sekunden. Keiner der Freunde hatte seine Funktion als Schütze – trotz des tollen, verwirrenden Anblicks – vergessen. Es gab keine überhasteten Schüsse, daher auch keine gemeuchelte Henne. Sechs Fasane fielen am Schilfrand, und einen geflügelten Hahn brachte Rex vom anderen Ufer des Baches. Vorbei der Zauber, aber auch „der Ofen des Hundes“ aus. Der alte Rüde machte sich, nachdem er den Hahn seinem Herrn gebracht hatte, an Ort und Stelle lang. Werner gewährte dem Alten, wie bei der Arbeit, jegliche Freiheit.

Auch die Freunde mit den Treiberbuben dachten an eine Mittagsruhe, da es ihre müden Knochen – und die Uhr so wollten. Stundenlanges Stiefeln im schritthemmenden Grasfilz bremste den Tatendrang gewaltig!

Die beiden aufgeweckten Knaben legten ohne Aufforderung recht sachkundig die Strecke, achtzehn Fasanhahnen und eine Elster. Alle Hemmschuhe mit einbezogen, kein schlechtes Halbzeitresultat für vier Flinten.

Als ersten Hahn legte der tüchtige Nachwuchs einen alten Gockel, wahrscheinlich der Urahn der gesamten Sippe in den sauren Feuchtwiesen rundum. Der „alte Herr“ hatte Sporen, die jedem Edeldragoner Ehre bereitet hätten!

Wiesehr doch die Vögel in ihrem vielfarbigen Federkleid das menschliche Auge erfreuen. Und doch ist der Fasan irgendwie ein Fremder, ein Exote geblieben, obwohl er schon lange die heimischen Reviere bevölkert. Geht von dem schillernden Hahn nicht etwas Geheimnisvolles aus?

Eines stand für Andreas schon immer fest: Diesem Wild würden auch ein kurzes, besinnliches Verweilen an der Strecke und einige bewundernde Blicke gebühren. Doch nein. Liegt der prächtige Hahn erst einmal nach gelungenem Schuß und spektakulärem Todessturz auf dem Boden, greift ihn entweder der Hund oder ein Treiber, der ihm, wenn's hoch hergeht, die längste Feder aus dem Stoß reißt, um zum Gaudium der anderen seinen Hut damit zu schmücken. Den Schützen interessiert der Gockel nach dem gelungenen Schuß kaum noch, es sei denn, er braucht einen für die eigene Küche.

„Ist das nicht ein herrlicher Anblick?“ hörte plötzlich Andreas die Stimme Werners und freute sich über die Harmonie ihrer Gedanken.

„So ist es. Das schillernde Federkleid der Fasane leuchtet wahrhaftig imponierend in der spätherbstlichen Sonne und wird viel zuwenig beachtet!“

Mittag! Unglaublich, welch kulinarische Kostbarkeiten die mit dem Wagen eingetroffene gute Fee aus dem Freßkorb zauberte, was Robert zu folgender Äußerung veranlaßte: „Liebe Sigi, dir ist offensichtlich der aus dem unerschöpflichen Fundus der Jägersprache stammende Satz ‚Ein Jager und sein Hund fressen und saufen zu jeder Stund' bestens bekannt.“ Lachen rundum.

„Nein, ich will nur eure Gaumen ein wenig reizen, damit ihr nach der Fasanensuche meine Küche zu schätzen wißt!“ meinte die fröhliche Gattin des Jagdherrn, schenkte noch einmal Glühwein nach und trat bald darauf mit den achtzehn Fasanhahnen die Heimfahrt an. Das warme Getränk hatte gutgetan, denn die spätherbstliche Frische war allen unter die Kleidung gekrochen.

Da auch Rex schon wieder voll auf den Läufen stand, dachte man allmählich an die letzte Etappe, an die heimwärts führende Streife.

„Liebe Freunde, es ist Zeit, daß wir aufbrechen“, rief Werner, und sie überquerten einen Steg, um am anderen Bachufer den Rückmarsch anzutreten. Die Sonne neigte sich allmählich dem fernen Horizont zu, und die Nacht ließ in dieser Jahreszeit nicht mehr allzu lange auf sich warten.

Jeder schoß noch den einen oder anderen Hahn, und dann erreichten sie ein Kukuruzfeld, einen Wildacker, wo die Jägerherzen an jenem Tag noch einmal höher schlagen sollten.

„Das habt ihr euch wohl so gedacht", mochte das große Volk der Fasane im riesigen Maisfeld geflüstert haben und erteilte der kleinen Jagdgesellschaft eine rüde Abfuhr. Vier Flinten reichten für das abschließende Vorhaben bei weitem nicht, und es gab schließlich nur sauertöpfische Gesichter! Überall standen Fasane auf, nur nicht dort, wo sich Werner und seine Freunde befanden. Fast alle abschwirrenden Gockel empfahlen sich – außer Reichweite der Gewehre – mit höhnisch wippendem Spiel. Zur Überraschung aller fiel dann plötzlich doch noch einer mit Zeitverzögerung vom Himmel und man wußte nicht, ob ihn der Schlag – oder doch ein verirrtes Schrotkorn aus Andreas' Flinte getroffen hatte.

Dieser abschließende jagdliche Flop konnte jedoch die gute Stimmung des „vierblättrigen Kleeblatts" in keiner Weise trüben. Die Freunde wußten zu genau, daß sie auch im kommenden Jahr wieder durch diese sauren Wiesen stiefeln werden, und dabei wird das eine oder andere besser, perfekter zu machen sein.

Die Schatten der Erlen am Bach griffen bereits weit in die sauren Wiesen hinein, als die kleine Jagdgesellschaft abgespannt aber glücklich am Dorfrand ankam. Mittlerweile hatten die relativ wenigen Hahnen – gemessen an der Strecke des Vormittages – am Rucksack der Jäger das Gewicht schwerer Bleibatzen erreicht.

Streckenlegung, Hörnerklang, Jagd vorbei.

Bevor Andreas als letzter ins Jägerhaus trat, hörte er in den nahen Erlenschachen am Bach die so charakteristischen gockenden Rufe aufbaumender Fasanhahnen. Gut so, wird es also auch im kommenden Jahr wieder diese jagdliche Köstlichkeit der Gockelsuche geben.

Doch halt! Ließ sich da nicht auch der Ruf eines Wichtls vernehmen …? Traum oder Wirklichkeit? Andreas horchte gespannt in die aufkommende Nacht hinaus.

Tatsächlich! Draußen in den sauren Wiesen schallte der Ruf: „Kuwitt, kuwitt."

Im Laufe der letzten Tage war Andreas die Dramatik, die ihm die morgendliche Begegnung mit dem „kauzigen Wichtl" beschert hatte, schon wieder ein wenig dem Gedächtnis entschwunden. Gewöhnung macht im Leben nun einmal auch Außergewöhnliches zum Normalen. Blieb für Andreas nur die Frage, ob es noch weitere Schnittpunkte mit dem drolligen Kobold, dem das Attribut possenhaft gebührte, geben würde. Die Zukunft sollte es weisen.

Der zweite Abend am knisternden, heimeligen Kaminfeuer währte für das müde Jägervolk nur kurz. Der anstrengende Tagesmarsch durch die verfilzten sauren Wiesen am Bach machte die Sehnsucht nach der Matratze riesengroß.

Diesmal wollte Andreas den Kauz nicht herausfordern und öffnete das Mansardenfenster, ohne vorher das Licht anzuknipsen. Als er seinen Blick zur Himmelskuppel hob, verglühte eine Sternschnuppe in Sekundenschnelle. Wie mochte man unsere Erde aus der unendlichen Weite des Weltalls sehen …? Als winziges Staubkorn auf der Fahrt durch Zeit und Raum? Der Menschheit mag es wohl nicht gelingen, die dunkelsten Geheimnisse des Universums zu ergründen. Kaum ein Erdbewohner fühlt, daß so ein armseliges Menschlein weit weniger ist als ein verlöschender Stern im All.

Andreas' Gedankengänge durchbrach plötzlich ein lautes „Kuwitt, kuwitt", das aus den Erlen vom nahen Bach herschallte.

„Was will dieses kleine Wichtl, ist es möglicherweise schon eine Kameradschaft des Todes, die mich mit ihm verbindet …?"

Andreas Stecher fühlte sich zu müde, um diesen Hirngespinsten zu folgen, wenige Herzschläge danach lag er in Morpheus Armen.

Nach dem Frühstück hieß es Abschied nehmen von den Freunden. Hans, Robert und Andreas traten die Heimreise an, schworen sich aber vorher noch mit Werner, dem Hausherrn, und seiner liebenswerten Gattin auf die nächstjährige Fasanensuche ein. Gut. Sie werden tun, was sie schworen. Andreas mußte Hans noch versprechen, auf Wintersauen zu kommen. Auch das sollte geschehen.

* * *

Der erste Schnee ließ nicht lange auf sich warten. Eigentlich begann alles mit dichten, kochenden Nebelschwaden, die so gar nicht zu der vorangegangenen sternklaren Nacht paßten. Als Andreas Stecher um die Geisterstunde in seinen Bau einfuhr, stand am Firmament ein lachendes Mondgesicht, und ein Meer von Sternen blinkte ihm zu.

Und nun am Morgen statt des erträumten, erhofften Sonnenscheins Nebelhexen! Sie tanzten lautlos und trieben ihre närrischen Spiele vor dem Fenster. Welch große Enttäuschung!

Dennoch lockte das nahe, von einer jungfräulichen Neuen überzuckerte Revier. Einige Zentimeter Schnee rieselten nächtens noch hernieder, bevor dieses abscheuliche Nebelgebräu Besitz von dem Landstrich ergriff.

„Egal, möglicherweise mag auch die Sonne wieder scheinen, die erste Neue ist nach ihrem Wert zu beurteilen“, dachte Andreas und rüstete zum Aufbruch. Als er wenig später das Haus verließ, kam schon Bewegung in die Nebelschwaden, es wurde hell, und aus der feuchten, unfreundlichen Waschküche formte sich im Handumdrehen ein strahlend schöner Wintertag.

Im Revier, das Andreas bald betrat, lag genügend Schnee, um Spuren und Fährten zu lesen, um Nachschau zu halten, was in den letzten Stunden auf weichen Branten und harten Schalen sich unterwegs befand. Dies vor allem im Holz und auf kleinen Lichtungen. Doch ganz so glücklich zeigte sich der Waidmann dann nicht mehr, als er feststellen mußte, daß die Neue da und dort nicht mehr Jungfrau, eher arg zerzaust, verblasen war!

Fürwitzige Morgenwinde – im eigenen Bau, hundemüde von der Fasanensuche, verschlafen – hatten die losen Kristalle der Daunendecke bewegt, in Unordnung gebracht und dabei die eine oder andere Spur verweht. Natürlich nur an freien Stellen, rund um den Forst, wo die Winde, die nicht lange wach sein konnten, mit den zarten Schneeflocken spielten.

Hinein also ins Holz, dort lag die Neue unberührt, dort konnte man überall auf die Perlenreihe eines Rotrocks oder die paarige Sprungspur eines Marders stoßen. Und an eine dieser Spuren wollte sich Andreas wie eine Klette hängen. Er tat dies bei jeder Neuen, und so sollte es auch heute sein.

Nach langem, erfolglosem Bergauf und Bergab wandte sich Andreas einem Revierteil zu, der bei solchen Pirschgängen fast immer eingebunden wurde. Man könnte auch sagen, es führte förmlich ein Zwangswechsel der Grünröcke dorthin. In einem Altholz lag auf einem steilen Hang ein riesiger Felsenbau der Rotröcke. Den gerissenen Herren von Malepartus konnte man in dieser Burg selbst mit dem besten Hund nicht an den Balg. Schon einige Jäger, die das nicht wahrhaben wollten, verloren in früherer Zeit hier bedauerlicherweise ihren treuen Gefährten. Ein unbezwingbarer Bau, der Andreas, vielleicht gerade deswegen, immer wieder lockte und anzog. Auch Rita geriet regelrecht aus dem Häuschen, wenn sie in die Nähe des Felsbaues kamen. Wie zum Hohn lag hier überall rund um Malepartus, der ins Tal hinunterführte, die Losung Reinekes. Fein säuberlich, ins Auge springend, auf vielen Steinen, Baumstümpfen und anderen Erhebungen hingezaubert! Rita verwies nervös diese kleinen „Gemeinheiten" Rotrocks!

„Warte nur, Reineke, auch du bist zu überlisten", sinnierte Andreas, als er in der Nähe der Felsenburg vorsichtig einen am alteingesessenen Fuchspaß stehenden Hochsitz bestieg. Auch Rita schaffte dies spielend und kuschelte sich zu den Füßen ihres Herrn.

Wie dem auch sei, herrlich ließ es sich da sitzen. Man spürte zunächst der Sonne Strahlen auf der nackten Haut, und wenig später liebkoste ihre Wärme den ganzen Körper. Ein leises Lächeln umspielte dabei den Mund des Jägers. Er kannte die Lebensgewohnheiten Reinekes und wußte, daß sich dieser ebenfalls gerne die Sonne auf den Balg scheinen läßt. Ganz besonders an einem stillen Plätzchen im Holz, auf einem abgeschiedenen Schlag wie diesem. Drohte Gefahr, fuhr er in Windeseile in seine sichere Burg ein.

Bald gingen Andreas' Gedanken auf Reisen. Die wärmenden Sonnenstrahlen trugen dazu bei ...

Ja, dort drüben, am Gegenhang, wo sich im Schnee die kleine Kapelle duckt, holte er im vergangenen Winter nach ungewöhnlichen Strapazen seinen letzten Marder. Einen Märtel ausneuen? Zum Teufel! Nur wer das schon einmal versucht hat, weiß, was dies unter Umständen bedeutet, was sich dahinter verbirgt.

Damals gab es einen Kampf mit kniehohem Schnee, versteckten Wurzeln, Ranken und Astgewirr. Fluchendes Aufgeben und hoffendes Weitermachen lagen Stunden hindurch ganz nahe beieinander. Wie es so ist, ging die paarige Brantenspur auch einige Male verloren. Durch Glück und Zufall hatte sie Andreas jedoch immer wieder gefunden.

Das Abendläuten mochte nicht mehr allzu ferne liegen, als der Jäger nach stundenlangem Kampf mit der Natur schweißtriefend vor der alten Buche stand. Der ganze Stamm eine einzige Spechtschmiede, in der nicht nur die Zimmerer des Waldes, sondern auch Käuze und Marder hausten.

Andreas und seine Freunde nannten die Buche nicht umsonst den Marderbaum!

Riesengroße Enttäuschung erfaßte ihn dann allerdings, als der Märtel trotz vielfachen Bemühens nicht springen wollte. Da half kein Klopfen, kein Schießen, kein Ausräuchern. Müde und niedergeschlagen nahm Andreas schließlich den langen Heimweg unter die Füße. Nichts ist's aus der schon so sicher scheinenden Beute geworden.

„Nicht jeder Jagdtag kann auch ein Fangtag sein!" Wie allen Jägern nur zu geläufig ist.

Nach wenigen Schritten wußte er auf der alten Esche noch einen Eichhornkobel. Ein rein mechanischer Griff nach dem auf der Brust ruhenden Glas, ein fast unwilliger Blick nach oben, und noch einmal loderte die Glut im Herzen des Jägers empor. Aus dem schütteren Astwerk ragte die Rutenspitze eines Marders. Das konnte doch nicht wahr sein! Ein fauler Zauber? Nein, Augenblicke später warf die Schrotgarbe Goldkehlchen aus der Krone der Esche ...

„Doch heute bin ich wegen der Rotröcke hier", dachte Andreas Stecher, rekelte sich wohlig in der Mittagssonne, blinzelte dabei traumverloren in das grüne Umfeld und vermeinte, im selben Moment einem Herzschlag zu erliegen. Unweit des Hochsitzes schnürte ein prächtiger Altfuchs am Waldrand dahin, verhielt schlagartig, äugte lange zum Jäger herüber und schnürte dann gemächlich weiter. Nur jetzt keine unvorsichtige Bewegung, kein verräterisches Geräusch. Schon lag die schwachkalibrige Bockbüchsflinte an der Wange, ein halblautes Mäuseln – und im Knall sank Reineke in seine warme Spur.

Ein tiefer, befreiender Seufzer strömte aus Andreas Brust. Langsam setzte er das Gewehr ab und überdachte die letzten Augenblicke. Dort drüben, bei der Kapelle, bedurfte es einer wahren Odyssee, bevor er sich am Ziel seiner Wünsche sah und mit dem Märtel den Heimweg antreten konnte. Hier wiederum fiel ihm der Rotrock wie im Schlaf in den Schoß.

Wie dem auch sei, die Götter der Jagd sind launisch, haben einmal das Füllhorn zur Hand und zeigen dir das nächste Mal die kalte Schulter. Und trotzdem, oder gerade deswegen, liebt der Jäger das Waidwerk über alles. Im Dunstkreis der Jagd sind Spannung und Überraschung immer wieder zu finden. Was wären unsere Pirschgänge, Ansitze und Treibjagden ohne diese beiden Fakten ...?

Mit einem Male wälzte sich ein riesiger Wolkenberg drohend heran und verdunkelte im Nu die strahlende Sonne. Aus der Traum vom ersten schönen Wintertag. Da hatte wohl das Wichtl die Waldgeister mobilisiert, um den Tod des alten Fuchsrüden zu rächen! Fröstelnd machte sich Andreas Stecher auf den Weg. Mit dem prachtvollen Rotrock am Rucksack, vergaß der Jäger sehr bald die Bocksprünge des launigen Wettermachers.

Mit einem Male zuckte Andreas merklich zusammen. Die Sprungspur eines Marders querte aufreizend seinen Weg. Kurzes Überlegen. Auch wenn die Luft jetzt förmlich nach Schnee roch, wollte Andreas „kurz" nachsehen. Es wäre doch möglich, daß ...

Schon eine Stunde währte das Hoffen auf ein baldiges Ende, doch immer weiter führte die Spur. Allein der Gedanke, mit Fuchs und Marder den ersten Wintertag abhaken zu können, verdichtete sich zu einer fixen Idee und verlieh Andreas ständig neue Kräfte. Bergauf, bergab führte der Weg im dichtesten Holz. Der Rüde am Rucksack ähnelte gewichtsmäßig bereits einem Rehbock zur Mittsommerzeit, als die paarigen Brantenabdrücke das Holz verließen. Aus der Traum, nach einigen Schritten im Freien war die Spur futsch, verweht, verblasen. Wo sie der Jäger wiederfinden könnte? Wahrscheinlich hoch oben bei der alleinstehenden Buchengruppe.

„Ist ein verdammt steiler und beschwerlicher Weg da hinauf", gab sich Andreas zu bedenken, als einsetzendes Schneegestöber alle Überlegungen über den Haufen warf. Die Flocken fielen wie eine weiße Mauer vom Himmel. Im Nu sollten alle Spuren und Fährten zugedeckt sein. Die Durststrecke des Ausgehens fand damit ihr natürliches Ende.

Bald ging ein Schneemann durch die nun rasch hereinbrechende Dunkelheit heimwärts. „Mit dieser Tarnkappe wäre es leicht, auch an scharf äugendes Wild heranzukommen", dachte Andreas Stecher und stapfte auf die alte Mühle zu, die außerhalb des Ortes in einem Laubwald wie ein Märchenschloß eingebettet lag. Hier in der Schenke konnte er ausruhen, wenn es sein mußte, sogar ein Nachtlager finden.

Nachdem die Wirtsleute den kapitalen Fuchs gebührend bewundert hatten, schob der Jäger glücklich und zufrieden seine müden Knochen unter den Tisch. Ein schöner, besinnlicher Jagdtag – so ganz nach seinem Geschmack – lag hinter ihm. Und ein erfolgreicher obendrein. Der prächtige Rotrock dort drüben am Haken gab wirklich eine Augenweide ab, und überhaupt, wäre die Marderspur nicht im Schnee versunken, wer weiß ...?

So spann der einzige Gast in der Schenke seine Gedanken und dachte nicht im geringsten daran, in dem herrschenden Schneegestöber den Heimweg anzutreten. Zu Hause wartete niemand auf ihn, da seine Gattin zu Besuch bei ihren Eltern in der fernen Bundeshauptstadt weilte. Um so mehr delektierte sich Andreas an den Köstlichkeiten, die aus der Küche der Mühle kamen. Kochen konnte die Wirtin, das mußte man ihr lassen, und wer sagte, sie wäre nicht bildhübsch, der würde lügen. Als sie etwas später zur Gitarre griff, brach eine urgemütliche Stunde an. Man spielte, sang, scherzte und lachte. Vor allem die lebenslustige Frau fand Gefallen an der Fröhlichkeit, die sich in der alten Mühle ansonsten wohl rar machte. In der Einschicht wird nur selten die Eintönigkeit des Alltags auf solche Art durchbrochen.

Als nach ein paar Gläsern Wein – der Fuchs mußte doch gebührend gefeiert werden – die Augen der Wirtin immer leuchtender und die ihres Mannes immer umflorter wurden, dachte Andreas Stecher an Aufbruch. Es sollte hier in der Einschicht seinetwegen keine Ungereimtheit geben.

Der Grünrock traute seinen Augen kaum, als ihn vor dem Haus eine strahlende Mondnacht empfing. Welch ein Tag von Gegensätzen; der April konnte es fürwahr mit dem Wetter nicht toller treiben! Mit Nebel hatte der Tag begonnen, dann folgte Sonnenschein, später gab es ein Schneegestöber, und jetzt lag gleißendes Mondlicht auf dem Landstrich. Eine zu schöne Nacht, um nach Hause zu gehen. Obendrein tat die Kälte richtig wohl, brachte die aufgekratzten Sinne wieder einigermaßen ins rechte Lot.

Bei der alten Scheune wollte Andreas noch eine Weile ansitzen. Im vergangenen Sommer sah er da unten am Waldrand ein Marderpärchen stammauf, stammab im erregenden Liebesspiel tollen. Auch die Perlenschnur Reinekes zählte hier nicht zu den Raritäten. Am nahen Misthaufen gab es für den Schnürer ganz sicher ein gerichtetes Mahl.

Blütenweiß lag der Schnee auf dem Dach der alten Mühle und auf den Bäumen rundum. Im Mondlicht nahm sich das alles wie im Märchenland aus. Wenige Schritte neben der Scheune erzählte der Mühlbach unermüdlich seine Geschichten. Unglaublich, was so ein plätscherndes Forellenwasser zu berichten weiß, und glücklich der Mensch, der diese Schnurren zu deuten versteht.

Solche Winternächte, in all ihrer Schönheit, erlebt meist nur der Jäger.

K.P. Reif

K.-P. Reif

Der wahre Jäger. Die, die ihn spotten, wissen in ihrer Borniertheit von all dem nichts. Mögen sie die ahnungslosen Narren bleiben!

Eine ganze Weile saß Andreas schon im Schlagschatten des offenen Scheunentores, als drüben in der Schenke das letzte Licht verlosch. Hoffentlich hatte man dort wieder alle Disharmonie beseitigt, und die hübsche Müllerin nahm von dieser Nacht zu gleichen Teilen Liebe und Schlaf. Bei gemeinsamer Benützung des ältesten Möbels dieser Erde schoben sich viele Ungereimtheiten des Lebens wie von selbst und wie selbstverständlich zur Seite.

In der Ferne, oben etwa bei der Felsenburg, bellte ein Fuchs. Trauerte die Fähe um ihren Rüden? Möglich. Doch die Sehnsucht nach Liebe wird bald ein junger Ritter von Malepartus zu stillen wissen. Unaufhörlich dreht sich das Lebensrad weiter. Unaufhörlich …

Die Nacht war herrlich, voll süßer Kälte. Andreas meinte, es wäre wärmer geworden. Föhn? Heute wohl die letzte Eskapade eines närrischen Wettermachers?!

Urplötzlich rief ein Kauz, und Andreas zuckte merklich zusammen. Noch immer beeindruckt vom gespenstischen Geschehen um das närrische Wichtl, hätte der Jäger – kurz bevor die Kirchturmuhr im Dorf die zweite Nachthälfte einläutete – einen Schatten am First des nahen Stallgebäudes übersehen. Eine Katze? Um Gottes willen, dort sprang ein Marder auf dem Dach, selbst mit freiem Auge im Mondlicht zu erkennen. Lange äugte er dann zur Scheune herüber. Hatte er eine Bewegung wahrgenommen, den Glanz der Gewehrläufe bemerkt? Andreas, die Waffe an der Wange, konnte den Schuß nicht lösen, da genau hinter dem Märtel die Fensterfront der Schenke lag.

Das Herz des Grünrocks vollführte heute schon zum zweiten Male die tollsten Kapriolen. Nach langen, bangen Sekunden rutschte der Marder endlich vom steilen Giebel und kam erst wieder in der Dachrinne zur Ruhe. Dies jedoch nur für einen Augenblick, denn dann warfen ihn die Schrote zu Boden.

Zwölfmal schlug die Uhr im Dorf, als Andreas den Steinmarder zum Fuchs am Rucksack band. Zwei prächtige Rüden, der eine rot, der andere schwarz – eine Koalition besonderer Art! – schimmerten im Mondlicht.

Zwar müde, doch unsagbar glücklich stapfte Andreas durch den fußhohen Schnee langsam seinem Hause zu. Bevor er zu Freund Hans auf

Wintersauen fuhr, wollte er im eigenen Revier noch einmal auf Raubwild sein Augenmerk lenken. Fuchs und Marder – am Tag der ersten Neuen erbeutet – hatten den Jäger im hohen Maße motiviert.

* * *

Gegen Abend begann es neuerlich zu schneien. Sacht und leise schwebten dicke Flocken vom Himmel, legten sich daunenweich übereinander und bedeckten nach und nach alles mit Schneehauben, mit zuckersüßen Schneehauben. Andreas saß wachträumend am Fenster, das warme Licht der Gartenlaterne gewährte ihm Einblick in eine Zauberwelt, aus der sich längst versunkene Winternächte hoben. Rotröcke schnürten entlang von Waldrändern, kleinen Wasserläufen und zogen ihre nicht enden wollende Perlenreihe über Stege, Wege und Wiesen …

Wie damals, nach jener Gewalttour zur Kaiserjochhütte. Der Schnee kniehoch, der Hang steil, der Rucksack schwer, als läge ein feister Sommergams darin. Und zu alldem mußte er sich noch sputen, um vor Einbruch der Dunkelheit die Hütte zu erreichen.

Es ging sich gerade noch aus. Im kleinen Hochtal lag schon diffuses Licht, als Andreas über die Kante lugte. Noch einige beschwerliche Hundert Gänge und er stand aufatmend vor dem verträumten Holzhäuschen, seinem schon oftmaligen Zuhause.

Der Abendwind harfte in den Nadeln der kleinen Fichten, die um die Hütte standen. Noch bevor ihn nach dem schweißtreibenden Fußmarsch die Kälte überfiel, belebte ein lustig knisterndes Feuer die Hüttenstube. Vom Jäger freundlicherweise gerichtete, wohlriechende Kienspäne taten das Ihre. Wie wohltuend, entspannend, der Sprache des Feuers zu lauschen und bei einem guten Tropfen sagen zu können: „Das Leben ist zu kurz, um schlechte Weine zu trinken. Wie auch gute Laune etwas ist, das man sich in keiner Lebenslage nehmen lassen darf, auch nicht in einer entlegenen Jagdhütte." Diese Meinung vertrat Andreas Stecher allzeit.

Er genoß noch einen kleinen Imbiß, fütterte ausgiebig den Ofen und löschte die Kerzen, da er Marder und Fuchs eher das Rauchfähnchen eines Holzfeuers als ein hellerleuchtetes Hüttenfenster zumuten wollte. Sodann ließ sich Andreas am Fenster in einen bequemen Stuhl und in alte Erinnerungen fallen …

Im vergangenen Winter hatte der Jäger am nicht allzu fernen Krainereck während eines bitterkalten Nachtansitzes seinen letzten Rotrock geschossen. Die kleine Hütte – ganz nah am Grat als Unterschlupf für Forstarbeiter errichtet – bot bei weitem nicht soviel Komfort wie diese hier am Kaiserjoch. Schon nach kurzer Zeit regierte damals in jener unheizbaren Hütte erbarmungslos die Kälte, die durch alle Ritzen des Rindenhäuschens kroch. Die einzige Wärme strahlte Rita aus, die sich zu seinen Füßen eingerollt hatte. Die Quecksilbersäule mußte längst unter den Nullpunkt gesunken sein.

Nach feierlicher Inhalation des letzten Schluckes aus der Thermosflasche dachte Andreas ans Aufgeben. Wenn einmal die Kälte im Eingeweide sitzt, nimmt das nächtliche Fuchspassen ungemütliche Formen an, verzichtet der Jäger gerne auf alle romantischen Stimmungsbilder, tritt den Rückzug an oder nimmt einen Stellungswechsel vor. Auch damals stand Andreas fast schon im Begriff, das zu tun, als Rita plötzlich energisch den Kopf hob. Im selben Augenblick sprang, kaum noch erhofft und erwartet, ein prachtvoller Fuchs aus einer Fichtengruppe. Ungeniert setzte er sich auf seine Keulen und äugte gespannt in die Richtung, aus der er angetrabt gekommen war.

Glückselige Ranzzeit!

Rasch warf das kleine Teilmantelgeschoß aus der zierlichen Bockbüchsflinte Reineke in den Pulverschnee. Doch dann … Was sollte das? Sah Andreas Gespenster? Ein zweiter Fuchs sprang aus der Deckung. Kein Zweifel, ein Rüde, der sich, dem unbändigen Arterhaltungstrieb folgend, auf die im Schnee liegende Fähe warf. Leider entglitt den zitternden Fingern des aufgeregten Jägers die zweite Kugelpatrone und schlug hart auf einen metallenen Gegenstand. Aus der Traum von einem zweiten Rotrock innerhalb weniger Sekunden.

Das Ausharren hatte sich wahrlich gelohnt und bescherte Andreas nicht nur einen Fuchs, sondern auch ein einmaliges Erlebnis …

Hier in der Hütte am Kaiserjoch ließ es sich gemütlicher weilen. Das Feuer im Ofen lebte und erzählte, solange es Nahrung bekam. Auch Rita rekelte sich behaglich im Bereich der Wärmequelle und tat ihren Gefühlen keinen Zwang an. Man roch es!

Doch die wohligen Temperaturen, die sich in der ganzen Hütte ausbreiteten, riefen um die Geisterstunde einen weiteren Gast auf den Plan. Ein Wesen, das im Laufe der Nacht Andreas Stecher einiges aufzulösen geben sollte.

„Rrrrrrr ... rrrrrr“, tönte es plötzlich über seinem Kopf. Ein Kobold, der der mystischen Zeit alle Ehre bereitete. Ein Bilch, korrekt gesagt ein Siebenschläfer, der größte Vertreter der Bilche, den die aufsteigende Wärme ins Leben zurückgerufen hatte? Wahrscheinlich. Er spielte vermutlich mit einer Nuß! Bald fürchtete Andreas, das Rollen unter dem Gebälk könnte von einem anschnürenden Rotrock vernommen werden. Ein energischer Stoß mit dem Bergstock gegen die Holzdecke brachte Ruhe.

Allmählich griff die Müdigkeit nach Andreas und er nickte einige Male am Fenster ein. Erst als er, kurz der Traumwelt entflohen, mit umflorten Augen einen Schatten in den Buchen wahrnahm, fiel die Müdigkeit schlagartig von ihm. Hellwach, öffnete er vorsichtig das Fenster und schob eine Auflage für die Bockbüchsflinte auf den Fensterstock. Das nachtstarke Glas zeigte einen Rotrock, der in füchsischer Manier im Schlagschatten der Buchen umhergeisterte. Leider immer nur für Augenblicke schemenhaft erkennbar, an einen Schuß demnach nicht zu denken. Reineke wollte noch nicht heraus auf die freie, deckungslose Fläche, die zwischen dem Buchenwald und der Fichtenschonung lag, an deren Rand die Hütte stand. Warten hieß es, obwohl die Kälte Andreas nun schon kräftig in die Nase zwickte.

„Soll ich oder soll ich nicht?“ mochte es da drüben durch das Fuchsenhirn gehen. Einige Perlenreihen führten bereits über die kleine Hochebene, wie sich Andreas vor Stunden im letzten Dämmerlicht hatte überzeugen können. Hier verlief seit Menschengedenken ein guter Fuchspaß, da unweit der Hütte ein alter, befahrener Fuchsbau lag.

Immer wieder versuchte der Grünrock, den Fuchs ins Fernrohr zu bekommen. Es gelang nicht! Und in dieses nervenaufpeitschende Zuwarten eine böse Überraschung: „Rrrrrrr ... rrrrrrr“, nein, das durfte nicht wahr sein! Ausgerechnet jetzt, bei geöffnetem Fenster, begann der übermütige Troll abermals sein grausames Spiel. Wie schrecklich es klang! Vorhin konnte Andreas noch darüber schmunzeln, doch nun brannte des Siebenschläfers Zeitvertreib wie Glut in der Seele des Jägers. Und der Fuchs? Den gab es plötzlich nicht mehr. Verdammter Kobold! Nach einem abermaligen Stoß an die dunkle Holzdecke kehrte erneut Ruhe ein. Zu spät? Wahrscheinlich.

Andreas schloß mürrisch das Fenster und warf sich ansgelaugt und hundemüde auf die nahe Matratze. „Vielleicht später, mein Hund“, sagte er zu Rita und schlief augenblicklich ein.

Doch selbst im abgrundtiefen Schlaf vernahm Andreas Stecher das närrische Spiel des verrückten Kobolds. „Rrrrrrr ... rrrrrrr“, ging's stets von neuem unter dem Dach so lange, bis der Grünrock völlig bei Sinnen – wenngleich auch halb wahnsinnig – war. Eine nervtötende Sekkatur!

Da auch der Stoffwechsel sein Recht forderte, kroch Andreas völlig zerschlagen und entnervt von der Bettstatt, um den bitteren Gang in die Frostnacht anzutreten. Schon die Türklinke in der Hand, forderte ihn eine innere Stimme auf, zuerst einen Blick durchs Fenster zu werfen. Von wem dieser Wink wohl kam ...? Ein Kauzruf ließ sich just in diesen Augenblicken vernehmen. Sandte etwa das Wichtl die Botschaft? Manchmal schien tatsächlich auch „Gutes“ von seiten des Nachtjägers zu kommen!

Jedenfalls traf Andreas beinahe der Schlag, als er mit schlaftrunkenem Blick durch die trüben Fensterscheiben die Konturen eines Fuchses einfing. Du heiliger Strohsack, drüben bei den Buchen beschäftigte sich Reineke mit irgend etwas, das sich später als Rest eines Hähers entpuppte.

Jetzt nur keinen Fehler! Gott sei's gedankt, daß sich das kleine Fenster ohne Gequietsche öffnen ließ. Die Bockbüchsflinte in die hohle Hand gelegt, den Atem gepreßt, und ... „Rrrrrr“, begann der geisttötende Kobold zur Unzeit sein lustiges Spiel. Augenblicks äugte Rotrock fluchtbereit sichernd zur Hütte, einen Gedanken danach löschte die kleine Kugel sein bewegtes Leben. Trotz bitterer Kälte, die durchs offene Fenster strömte, standen Schweißperlen auf Andreas' Stirn.

Längst hing der Fuchs an der Hüttenwand, und Andreas Stecher beabsichtigte, einen langen Schlaf zu tun. Vorher steckte er sich jedoch Ohropax – die Schalldämmer befanden sich hier, um schnarchenden Jagdgefährten den Wind aus den Segeln zu nehmen – in die Lauscher. Warum? Sie haben es erraten! Dem kleinen, verspielten Troll unter dem Dach räumte der Jäger von nun an Narrenfreiheit ein; der sollte jetzt ungestört seine übermütigen Spiele treiben, so lange er Lust dazu verspürte!

Dem kleinen Wicht verdankte Andreas schließlich den Fuchsrüden; der muntere Siebenschläfer hatte den Jägersmann gerade zur richtigen Zeit aus dem Traumland zurückgeholt! Oder kam die Botschaft wahrhaftig vom Wichtl ...?

* * *

Nach diesen jagdlichen, jahreszeitlich bedingten Glanzlichtern auf Fuchs und Marder standen die Wintersauen bei Hans auf dem Programm.

„Eine starke Saufährte steht zurzeit im Revier", lautete der letzte telefonische Lockruf, dem Andreas nicht mehr zu widerstehen vermochte.

Nach einem vorzüglichen ländlichen Abendbrot in der Jagdhütte begleiteten Hans und Andreas die monotonen Pendelschläge der uralten Kuckucksuhr in ein unendliches Gespräch, in dem die Jagd Vorrang genoß. Allein die starke Saufährte, die man nun seit Wochen im winterlichen Fuchsgraben lesen konnte, hätte Gesprächsstoff für die halbe Nacht geliefert. Beide merkten die vorgerückte Stunde erst, als der Kuckuck die sagenumwobene Geisterstunde verkündete. Für Andreas war die Zeit unheimlich schnell vergangen. Obwohl auch sein Freund Hans noch keine Müdigkeit erkennen ließ, mahnte er, den Abend zu beenden; wollten sie doch vor dem ersten Tagesschimmer die beiden Hochsitze im Fuchsgraben beziehen.

Noch rasch ein kräftiges Frühstück, dann aber los. Die Freunde empfing ganz überraschend der Frosthauch einer winterstarren Neumondnacht. Nanu …? Gestern lag noch nasser Altschnee auf allen Wegen, und jetzt schrien die gefrorenen Kristalle ganz erbärmlich unter ihrem Schuhzeug. In den Nachtstunden gab es völlig unerwartet Frost, hatte Eisluft aus dem Norden den Landstrich überschwemmt.

Hans und Andreas merkten sehr bald, daß sie für den geplanten Morgenansitz zu wenig warmes Zeug am Körper trugen. Zudem erwies sich der beinharte Harsch als viel zu laut, um ohne verräterischen Lärm in den Fuchsgraben zu gelangen. Die Laune der starken Sau – zweifellos ein Keiler – sollte nicht allzusehr strapaziert werden. Die Chance, eine grobe Sau zu strecken, galt ihnen als heilig, wollten sie sich ganz einfach nicht entgehen lassen. Daher verzichteten sie auf den geplanten Frühansitz und verabschiedeten sich zu getrennten Pirschgängen in anderen Teilen des Reviers. Fürs erste, versteht sich.

Im Fuchsgraben, einer etwa fünfhundert Meter langen, wildverbuschten Falte, brachten Winteransitze erst dann Erfolg, wenn das Laub der Sträucher auf dem Boden lag und Schnee den Landstrich bedeckte. Doch selbst dann gestaltete es sich in diesem „Dschungel" äußerst schwierig, eine sichere Kugel zu versenden.

In den Sommermonaten schien im Fuchsgraben die Vegetation alle

Maßstäbe zu sprengen. Unter Bäumen und Sträuchern wucherten Blumen und Gräser, die man anderswo nicht mehr antraf. So blühte hier noch der wunderschöne Frauenschuh, und der schon recht seltene Aronstab erfreute bis weit in den Sommer hinein mit seinen leuchtend tiefroten Fruchtständen das Auge des Sehenden.

Und in dieser verwilderten Senke stand meist auch besonders heimliches Wild. Größtenteils uralte Rehböcke, einmal ein Plattkopf oder – wie jetzt – eine starke Sau. All das mag dazu beigetragen haben, den Fuchsgraben in ein von Geheimnissen umwittertes Licht zu rücken.

Nach dem morgendlichen frostigen Pirschgang trennte sich Andreas von Hans mit dem Versprechen, einige Tage vor dem vollen Mond wieder ins Revier zu kommen.

Der Jagdherr und Freund erwartete Andreas voll Ungeduld in der Jagdhütte. Hans, manchmal ein Hitzkopf, voll pulsierenden Lebens, wenn es um Jagd, wenn es um uriges Wild ging. Wie an jenem Tag. Der Fuchsgraben war ihr erklärtes Ziel. Ob der Keiler noch im Dickicht der mystischen Senke steckte ...?

Die Freunde ergötzten sich in der Jagdhütte nochmals ausgiebig an den bodenständigen lukullischen Kostbarkeiten, da sie auf dem Hochsitz jegliches „Jausenbrot-Geraschel" vermeiden wollten. Nur eine Thermosflasche, gefüllt mit heißem, alle Geister weckendem Punsch, steckte jeder in seinen Rucksack. Das Getränk sollte helfen, die kalte Winternacht heil zu überstehen. Zu guter Letzt verlosten sie die Ansitze, und dabei zeigte sich Hubertus Andreas gnädig. Er durfte die kommende Nacht in einer Kanzel verbringen, seinem Freund hatten Schicksal und Los einen offenen Hochsitz zugedacht. Ein langer, wallender Pelzmantel sollte ihm die Frostnacht erträglicher machen.

„Wie lange wollen wir ausharren?" meinte Hans, schon zum Aufbruch bereit.

„Eine gute Frage, die du entscheiden mußt, da die Kälte auf dem offenen Hochsitz ganz bestimmt zuerst dir den Garaus macht", antwortete Andreas lachend.

„Kein Wenn und Aber, ich bleibe auf alle Fälle bis zwei Uhr", meinte Hans im Brustton der Überzeugung, und sie verließen die Hütte in bester Laune.

Nach einer halben Stunde schob Andreas seine Extremitäten in den dicken Ansitzsack, der bis in Brusthöhe reichte. Gespannt und voll guter Hoffnung horchte er dann in die beginnende Winternacht hinaus.

Alle Geräusche sind für den Jäger interessant, erhöhen die Erwartung und verscheuchen in Windeseile die Unaufmerksamkeit, später auch aufkommende Müdigkeit.

Obwohl es noch einige Tage dauerte, bis die volle Mondscheibe ihre Bahn am Himmel zog, war es relativ hell. Zu hell? Wildschweine verabscheuen gleißendes Mondlicht, das Schnee noch vielfach erhellt. Stundenlanges Warten ist dem Schwarzwildjäger nicht neu, er hat von vornherein damit zu rechnen. Schwarzkittel sind einfach unberechenbar, an keine Wechsel gebunden.

Wenn sich der Basse hier in der Dickung eingeschoben hatte, verließ er sein Lager garantiert des Nachts, um irgendwo nach Fraß zu suchen. Und das räumte Hans und Andreas, die an den beiden Zugängen des Fuchsgrabens saßen, eine gute Chance ein.

Andreas brachten diese winterlichen Ansitznächte nichts Neues, weil er leidenschaftlich den Fuchs bejagte und sich dabei ungezählte Stunden um die Ohren schlug. Als hätte er es geahnt – da schnürte auch schon ein Rotrock gemächlich durch dichtes Astgewirr. Nur an wenigen Stellen zeigte er sich völlig frei dem lüsternen Auge des verborgenen Jägers. Natürlich wäre Reineke nach einem Mäusepfiff an passender Stelle an den Platz zu bannen – doch nicht heute, dachte Andreas und verfiel abermals in froststarre, schläfrige Lethargie.

Plötzlich schweres Brechen inmitten des Fuchsgrabens. Hoch- oder Schwarzwild! Andreas spürte schon die Adrenalinausschüttung, da klärte sich der Spuk. Tier und Kalb zogen zügig an der Kanzel vorbei, hinaus in die Feldregion.

Wo aber blieb der Basse ...?

Allmählich kroch der Frost selbst durch die dichteste Vermummung! Mitternacht lag zum Greifen nahe. Ein Schluck aus der Thermosflasche sollte die Lebensgeister mobilisieren. Herrlich, wie das heiße Getränk das Innenleben durchströmte, die halberfrorenen Lebensgeister weckte. Doch recht bald spürte Andreas abermals den Würgegriff der Kälte und versuchte mit allen möglichen Tricks, den Blutkreislauf zu beschleunigen.

Diese Nacht zählte ganz sicher zu den härtesten Nüssen, die der Jäger in letzter Zeit zu knacken hatte.

Zwei Uhr! Hans mochte jetzt wohl oder übel steifgefroren seinen „Kühlschrank“ verlassen, wofür Andreas volles Verständnis aufbrachte. Er selbst wollte noch eine Weile ausharren, der Mond stand gerade im günstigen Winkel zum Fuchsgraben und leuchtete alle Zipfel aus. Dabei entstanden fortwährend neue Phantasiegebilde, die den Jäger wach, hellwach hielten!

Endlich rief ein Kauz! Andreas spitzte schon seit einer Ewigkeit die Ohren. Weshalb? Nun, am Kaiserjoch – und nicht nur dort – kündete auch ein Wichtl den Fuchs. Warum sollte das heute mit dem Bassen nicht genauso geschehen ...? Immer häufiger schwor sich Andreas auf diese Signale der Nacht ein. Es verhielt sich wie ein positiver Umkehrschub.

Sagte da Andreas nicht ein unverrückbares Gefühl, daß er den Ansitz noch nicht abbrechen sollte?

Wieder verging eine Stunde.

Nach dem letzten Schluck aus der Thermosflasche flüsterten die Schutzgeister des Wildes Andreas ins Ohr: „Rien ne va plus – nichts geht mehr!“ Doch bald jauchzte ein Kauz ... und starkes, nahes Brechen folgte. Höchstens ahnen, nicht wissen konnte Andreas in diesem Augenblick, was im dichtverschneiten Astgewirr auf ihn zukam. In Sekundenschnelle erfaßte sein Blick ein riesiges, untrügliches Schattenbild. Nur der Tiefschnee ermöglichte der starken Sau derart leise in diese bedrohliche Nähe zu kommen. Die eingestochene Büchse an der Wange, wartete der Jäger, bis der massige Wildkörper in einer astfreien Lücke auftauchte. Ein Mäusepfiff ließ die Sau verhoffen – und die Kugel fuhr ruckend aus dem Lauf. Was für ein Totentanz!

Ein gewaltiger Schub Urkraft beherrschte die Szene. Aufstiebender Schnee, kurze, alles brechende Todesfahrt, Stakkato der Hinterläufe, ein deutlich vernehmbares Blasen ... Aus.

Dann weiterhin Stille. Andreas spürte nichts mehr von der frostigen Kälte, saß benommen in der Kanzel, und die Wirklichkeit ergriff erst wieder Besitz von ihm, als ein „hüpfendes Licht“ auf dem Steig näher kam. Hans machte die Bewegung, die das Blut wärmte und die Kälte aus dem Körper trieb, sichtlich Vergnügen. Sein Lauf mit der leuchtenden Taschenlampe glich dem unruhigen Flug eines Glühwürmchens!

In Gedanken versunken standen die Freunde dann vor dem hauenden Keiler, und Andreas' Freude kam langsam an die Oberfläche. Es bedurfte ganz einfach einiger Momente, um die angestaute Spannung abzubauen, um die Kälte wieder auf der nackten Haut zu spüren. In solchen Augenblicken zählen für den Jäger nicht etwa Stärke, Alter oder Waffenlänge der Sau, in solchen Augenblicken zählt nur die von den Vätern ererbte Freude am Waidwerk. Manch einer braucht ein lärmendes Szenario, um seine jagdlichen Freuden auszuleben.

Während Andreas den Keiler aufbrach, fungierte Hans als „Beleuchter". Dann verwitterten sie ihre Beute, und Hans meinte launig: „Wenn dich die Götter strafen wollen, erhören sie dein Gebet."

Als er den fragenden Blick seines Freundes sah, setzte er fort: „Wie sollen wir denn jetzt das riesige Wildschwein aus dem Fuchsgraben bringen ...?"

Lachend machten sie sich auf den Weg zur Jagdhütte. Dort angekommen, fielen sie gutgelaunt über die noblen Reste des Nachtmahls her. Dazu holte Hans eine besondere Flasche Roten aus dem dunklen Verlies, das er Keller nannte. Nach dem ersten genüßlichen Schluck nickte Andreas bedächtig und meinte: „Ja, mit diesem Chateau Romefort dürfen wir frohen Herzens dem Keiler aus dem Fuchsgraben die letzte Ehr' erweisen!"

Bald herrschte so ausgezeichnete Stimmung, daß die beiden Freunde den Rest der Nacht zum Tag machten und sich unterhielten, bis der Morgen graute.

Mitten im Gespräch, fast abrupt, meinte Hans: „Sag einmal, wie ging das im Vorjahr mit deiner Hirschjagd in Salzburg zu? Du wurdest doch auf einen Geweihten eingeladen und hast letztlich – einen Schneider geschossen?"

„Ja, eine eigenartige Begebenheit, und am Beginn stand ein Telegramm folgenden Inhalts: ‚Komm sofort, sonst ist die letzte Chance dahin. Sepp.' Sogleich brannte Feuer in meinem Herzen! Ich hatte die Einladung auf einen Brunfthirsch glattweg vergessen."

„Wie kann einem so etwas passieren?" meinte Hans lächelnd.

„Keine Ahnung, das ist in meinem ganzen Leben noch nie der Fall gewesen. Wie jedoch sollte ich das Sepp erklären? Ich durfte jedenfalls keine Zeit vertrödeln, da die prophezeite Großwetterlage für die nächsten Tage einen Wintereinbruch nicht ausschloß, fuhr also ohne viel Federlesen zu machen."

Hans nickte verständnisvoll.

„Meine späte Ankunft bei Sepp ließ eine Abendpirsch nicht mehr zu.

Wir zogen uns daher – mit gütiger Zustimmung der Gattin des Hausherrn – in dessen urgemütliches Jagdzimmer zurück. Bald füllte die wohltönende Baritonstimme meines Freundes, der obendrein ein großartiger Erzähler ist, den ganzen Raum. Wenn Sepp spricht, reihen sich die Sätze melodisch aneinander, als würde in einem Textbuch gelesen. Ich genieße stets von neuem den Klang dieser vollen Stimme.

Mein Blick wanderte über die Trophäen und blieb an den gewaltigen Stangen des letzten Brunfthirsches, dessen Erlegung Sepp gerade schilderte, hängen. Herrlich der Duft, den dieses frische Geweih verströmte. Ein schwerer, würziger Harzgeruch erfüllte den großen Raum.

‚Das hätte auch dein Hirsch werden können', meinte Sepp, als er meine bewundernden Blicke sah. ‚Warum bist du eigentlich nicht zur Brunft gekommen?'

Wollte schon zu einer Notlüge Zuflucht nehmen, entschloß mich dann aber zur Wahrheit und sagte: Vergessen, glatt vergessen, lieber Freund.

‚Du arbeitest zuviel, die Jagd ist weitaus gesünder!' meinte Sepp gnädig und erklärte mir den Plan für den bevorstehenden Jagdtag.

Ein kalter Eishauch traf unsere Gesichter, als wir am frühen Morgen aus dem Haus traten .

‚Schneeluft', meinte Sepp und schnupperte mit hocherhobenem Windfang in der Gegend umher.

Über einen dichten, weichen Moosboden ließ es sich herrlich pirschen. Vollkommen geräuschlos erreichten wir die Kanzel am Hundsrück. Das diffuse Licht verzog sich rasch, und plötzlich packte Sepp meinen Oberarm wie ein Schraubstock. Als ich den Oberkörper vorbeugte und in die Richtung schaute, die mir mein Freund wies, sah ich am Rande einer Fichtengruppe einen Kasten von einem Hirsch.

‚Schnell, der alte Zehner', flüsterte Sepp mit heiserer Stimme. Doch ich beeilte mich völlig umsonst. Noch bevor die Büchse an der Wange lag, versank der Hirsch auf Nimmerwiedersehen in der nahen Deckung.

Narrte uns ein Spuk? Man kann ruhig so sagen, denn längst hatten alle Grünröcke, die hier waidwerkten, es aufgegeben, diesen Methusalem zu bejagen. Sepp bezeichnete ihn als Reviergespenst, das dem Jäger nicht einmal in der Brunft die Spur einer Chance gab.

Wir stiegen vom Hochsitz, und ein langer, mühsamer Pirschgang nahm seinen Anfang. Bald hatten wir Tier und Kalb im Glas; einen höher ziehenden Hirsch konnten wir nicht ansprechen. Doch der unverhoffte Anblick gab Kraft und Zuversicht. Dann fiel Nebel ein. Damit hatten wir nicht gerechnet. Da jedoch immer wieder böige Winde den Nebel verbliesen, setzten wir unsere Pirsch bergwärts fort."

Hans prostete Andreas zu.

„Mittag in der Tschadhütte. Feuchtes Holz und ein unwilliger Ofen konnten zunächst unsere angeschlagene Stimmung nicht erheitern.

‚Wenn der Nebel nicht stärker einfällt, läßt sich das Wetter nicht ungünstig an. Du wirst sehen, heute kommst du noch zu Schuß', meinte Sepp.

Wir fackelten daher nicht allzu lange und pirschten ins Tal. Dabei kamen wir durch schöne, heimliche Winkel des Bergreviers, bis uns die zerklüfteten Gräben des Krottenberges aufnahmen.

Der Talsohle wieder näher, standen wir plötzlich auf einem riesigen Felsen, der uns einen weiten Umblick auf ein Meer von Wäldern gewährte. Eine angenehme Entschädigung für den anstrengenden Auf- und Abstieg. Doch Sepp hatte hier noch eine andere Überraschung für mich. Wir standen – so seine Aussage – vor einem recht sicheren Hochwildeinstand, den er mir durchdrücken wollte."

„Deshalb in der Hütte seine zuversichtliche Aussage auf einen positiven Ausgang des Jagdtages", meinte Hans schmunzelnd.

„Richtig. Sepp wies mir genau den Weg zu einem Hauptwechsel, den ich nach einer halben Stunde erreichen und beziehen sollte. Dann erst wollte mein Freund durch den Einstand talwärts nachkommen. Mein Weg zog sich, von oben sah alles viel näher aus. Endlich erreichte ich mein Ziel und bezog bei einer hängenden Fichte, die wie der schiefe Turm von Pisa am Waldrand thronte, meinen Stand. Von hier sah ich auf einen gut erkennbaren Hochwildwechsel, der einen Grünstreifen querte. Kaum einhundert Gänge mochten es bis dorthin sein. Da Sepp erst in fünf Minuten mit dem Abstieg beginnen sollte, sah ich mich noch ein wenig in der Gegend um. Mein erster Blick zur Schneise verschlug mir den Atem! Mitten am Wechsel stand eine Oma von einem Alttier, das den Windfang spielen ließ, die Loser wie ein Grautier nach vorne richtete und starr in meine Richtung äugte. Verdammt und zugenäht, warum hatte ich nicht von Beginn an den Wechsel im Auge behalten! Jetzt stand ich da wie eine Salzsäule, doch es kam, wie ich's blutschwitzend erwarten mußte. Mit abgrundtiefem Schrecklaut und wippendem Spiegel tauchte das mit allen Wassern dieser Welt gewaschene Alttier im klobigen Troll in das Holz zurück."

„Und du wolltest dich in einen bestimmten Körperteil beißen, doch es gelang nicht", warf Hans lachend ein.

„Genau, um so mehr sich jetzt im Holz auch ein Rudel Hochwild herumwarf, daß es nur so krachte und polterte. Zähneknirschend mußte ich mit anhören, wie Geweihstangen hart an Astwerk schlugen. So leise das Rudel auf dem Wechsel, der gleichzeitig auch Trampelsteig des Viehs sein mochte, in meine Nähe zog, so laut und aggressiv preschte es in den Einstand zurück."

„Pech im Doppelpack", warf Hans ein und lauschte gleich wieder gespannt den Ausführungen seines Freundes.

„Um mich herum harfte der Wind in den Nadeln der Fichten, und immer dichtere Nebelhexen zogen durchs Geäst, das schon vor Nässe glänzte. Ein Wetter, das haargenau zu meiner Stimmung paßte, wie du dir ausmalen kannst. Bald mußte Sepp kommen, dachte ich, da fuhr mir an jenem Tag zum zweiten Mal der Schreck in alle Glieder. Am Wechsel, dem ich vorhin zu wenig Beachtung schenkte, zog plötzlich ein Stück Hochwild. Ein schwaches Hirschl, ein Spießer, der einen Hinterlauf schonte. Von der Kugel aus meiner Büchse erlöst, walgte er wenige Augenblicke später immer schneller werdend den steilen Hang hinunter."

Hans prostete Andreas zu: „Waidmannsheil, was für ein beglückender Hegeabschuß, bei dem der Tod für das Wild rasche Erlösung von Schmerz und Siechtum bedeutete."

„Du sagst es, genauso fühlte ich damals, und schnell hatte ich den Geweihten vergessen, den zu erlegen ich in dieses Revier gekommen war. Auch Sepp teilte meine Freude, als er den gebrochenen Lauf des abgekommenen Spießers sah."

„Unglaublich, was die Jagdheiligen manchmal – wenn sie guter Laune sind – an Überraschungen in allerletzter Minute für uns im Köcher haben", erwiderte Hans, und die beiden Freunde leerten ihre Gläser …

Mittlerweile guckte der Morgen beim Fenster herein, und die zwei machten sich auf den Weg, um mit einem Traktor den Keiler aus dem Fuchsgraben zu bringen. Ein Zeremoniell, das allen Beteiligten Freude bereitete.

Nach getaner Arbeit wollte Hans seinen Freund nicht ziehen lassen. Andreas blieb gerne, dieses nicht alltägliche Waidmannsheil sollte einen würdigen Ausklang finden.

Nachdem die beiden übernächtigen Grünröcke einen langen, erholsamen Schlaf getan hatten, wartete der charismatische Engel des Hauses mit einem Galabuffet auf das ewig hungrige Jägervolk! Nach der Götterspeise zog man sich in gewohnter Manier in die geheiligten Hallen zurück. Auch der greise Vater von Hans gesellte sich wieder zu den Freunden. Geduldig saß der Nestor in seinem Rollstuhl, und alles an dem alten Mann schien tot. Nur in seinen dunklen Augen blinkte ein Licht, vor allem dann, wenn vom Waidwerk geredet wurde.

Hans und Andreas ließen vergangenes Jagen im Kreislauf des Jahres Revue passieren. Sie sprachen vom erfüllten Jägerleben im üppigen Sommerwald, in der Buntheit des Herbstes und in der Abgeschiedenheit frostiger Winternächte; doch auch von unerfüllten jagdlichen Träumen. Sie rekapitulierten, hinterfragten, zogen Schlüsse, ließen dabei die Tür nicht ins Schloß fallen, nein, das Portal für künftige gemeinsame Jagdzüge sollte sperrangelweit offenbleiben!

Ganz unvermittelt meldete sich der Nestor mit dünner Stimme zu Wort: „Nützt nur eure Zeit, denn wer heute mit kritischem Blick und nüchternem Verstand den unverantwortlichen Raubbau der Menschheit an der Schöpfung betrachtet, muß unschwer erkennen, daß das Ende der Jagd nicht mehr allzu ferne liegt."

Sie gaben ihm recht, sprachen von Treibhauseffekt, Ozonloch, globaler Klimaveränderung, Vergiftung von Erde und Wasser – der Wiege allen Lebens. Und Hans meinte abschließend: „Kein Thema wird die Menschheit nach uns so fordern, so beschäftigen wie die Frage nach dem Überleben der Erde. Ob alle Anstrengungen für eine Wiedergutmachung gelingen oder die Menschen plötzlich vor dem selbstverschuldeten Scherbenhaufen Natur stehen, wird in unserem Leben nicht mehr zu erfahren sein. Mit unausbleiblichen Katastrophen fertig zu werden, bleibt wohl kommenden Generationen überlassen."

Andreas setzte zum Spaß ein gallbitteres Gesicht auf und sagte mit gespielter Kaltschnäuzigkeit: „Heute habe ich im Fuchsgraben einen kapitalen Keiler geschossen, schwimme auf einer Welle der Euphorie und will von euren Kassandrarufen nichts mehr hören."

Alle lachten und prosteten ihm zu: „Waidmannsheil – Waidmannsheil – Waidmannsheil – Waidmannsdank!“

* * *

Wer schreibt, horcht auf innere Stimmen und folgt diesen bereitwillig, ohne Route und Ziel dieser Reise zu kennen. Auch weitab der Feder gehorchte Andreas Stecher diesen lockenden Stimmen, da sie meist eins waren mit seinen Sehnsüchten und Wünschen. Nach langen Winternächten wiesen sie ihm den Weg nach Süden, der Wärme, dem Frühling entgegen. Zudem rief Werner, und diesem Ruf folgte Andreas gerne, da er den Wunsch in sich verspürte, dem Lenz ein paar Schritte entgegenzugehen.

Über dem Leithagebirge lag jungfräulicher Liebreiz. Der ungestüme Aufbruch von Mutter Natur überwältigte, das Bühnenbild für das neue Jagdjahr schien fast fertig. Blumen und Hecken blühten. Frühjahrsunrast erfüllte alle Tiere. Wilde Winde hatten den Osterputz bewältigt und alles Dürre und Morsche gebrochen. Die zurückkehrenden gefiederten Sänger probten fleißig ihre Strophen, die sie zur Auferstehung singen wollten.

Langschnäbel strichen noch keine. Unerwartet hatten sich Kälte und Schnee umgedreht. Doch diese Bocksprünge des launigen Wettermachers waren reine Spiegelfechtereien, die alle jene, die mit der Wiedergeburt zu tun hatten, nicht erschrecken konnten. Zeit, um Gedanken nachzuhängen, wie alles begann …

Bart und Malerfedern zählten vor Jahrzehnten zu den heißbegehrten Trophäen. Andreas Stecher mußte sie ganz einfach besitzen, denn ohne diesen Hutschmuck kam man sich im Kreis perfekter Schrotschützen ausgesprochen nackt vor. Fieberndes Warten ging daher dem ersten Schnepfenstrichabend, der im Kreis arrivierter Schützen erfolgen sollte, voraus. Inmitten Hartriegelgewuchers lag sein erster Schnepfenstand. Mutig verdrängte Andreas die Prophezeiungen der Alten, die von Schwierigkeiten erzählten, kam die Rede auf den Schuß auf Schnepfen. Und es gelang – wie so vieles in seinem Leben – auf Anhieb. Die feinen Schrote griffen den begehrten Vogel, als hätte ein Meisterschütze den Schuß getan. Andreas fühlte sich wie vom Donner gerührt, später jedoch unendlich glücklich, als ihm am Sammelplatz das Lob der Alten in den Ohren dröhnte. Dem Jungjäger kam es vor, als hätten die Götter selbst zu ihm gesprochen.

Die Eintragung der Beute in das Buch der Bücher erfolgte mit zittriger

Hand, und der Junge träumte in den wenigen Stunden, die von der Nacht noch blieben, von einem erfüllten Jägerleben. Fein säuberlich erfolgte Eintragung um Eintragung, ob Sandhase oder Eichelhäher, alles bekam seinen Platz bis zum Hirsch – ein gütiger Forstmann wollte seinem ahnungslosen Eleven eine letzte Freude bereiten, bevor die Furie Krieg nach ihm griff.

Einigermaßen heil dem großen Völkermord entronnen, mußte Andreas Stecher mit Bitterkeit feststellen, daß russische Besatzungssoldaten in ihrer Brutalität sein geliebtes erstes Schußbuch mit vielem anderen einfach verbrannten. Die Flammen konnten wohl das Buch zerstören, jedoch nicht seine Erinnerungen an unvergeßliche erste Jagdzüge ...

Schnell verging die unerwünschte winterliche Pracht, die Blüten unter sich begraben hatte. Südwinde kamen über den See, schmolzen die weißen Kristalle und verwandelten das Land in kurzer Zeit in ein riesiges Sumpfloch. Das freute die Schnepfen, sie fanden nach ihrer weiten, gefahrvollen Reise einen reichlich gedeckten Tisch vor und konnten nach Herzenslust wurmen. Doch nicht lange. Die Winde, deren Wiege hier irgendwo im Seengebiet stehen muß, legten den Landstrich schnell wieder trocken.

An einem Frühlingstag überfiel der johlende Gesell Werner und Andreas auf einer Kuppe des Leithagebirges und gab ihnen recht deutlich zu verstehen, wer hier das Sagen hat. Zunächst einige Male ein böiges Anklopfen, dann griff der Sturm wie die Wilde Jagd nach dem Landstrich, beendete abrupt den ersten Schnepfenabend dieses Jahres.

„Vielleicht ist der Morgen weiser als der Abend!" meinte Werner, bevor sie die Betten aufsuchten. Nein. Auch in den Morgenstunden rüttelte der Sturm noch an den Fenstern und trieb alles vor sich her, was nicht niet- und nagelfest war. Erst gegen Mittag ging der wilde Kehraus zu Ende, und die Natur sah sich im österlichen Kleid.

Auferstehung, wohin immer die Blicke tasteten!

Adonisröschen und Küchenschelle erfreuten mit gelben und blauen Farbklecksen das menschliche „sehende" Auge. In geheimen Winkeln blühte Werners Schnepfenkünder, der betäubend duftende Seidelbast. Schön, jedoch giftig, und nichts für eifersüchtige Menschlein, die daraus ein gar abscheuliches Tränklein brauen!

Bald wird hier auch der Bärenlauch blühen und im Wald einen starken Knoblauchgeruch verströmen. Ob den Schnepfenvögeln dieser Pesthauch

K.-P. Reif

K.P. Reif

etwa zuwider ist? Sie ziehen zur Zeit der Bärenlauchblüte in nördliche Gefilde, um dort in schummrigen Nestmulden ihrem Brutgeschäft zu obliegen.

Irgendwo im Holz schreckte ein Reh, und ein Fasan suchte ein paar Bäume weiter seinen Schlafplatz auf. Zusehends sank das Tageslicht in die blauschattige Düsterkeit.

Werner und Andreas standen auf Sicht- und Rufweite in einem bürstendicken Schlag. Zum wievielten Male sie wohl diese Stunde erlebten ...? Zeit gefühlsbetonter Grübelei, Meditation, unerforschter Gedankentiefe. Nichts für die im blitzenden Scheinwerferlicht und in dröhnenden Rhythmen taumelnde Menschheit, deren Ambiente grelle Farben und ohrenbetäubender Lärm beherrschen.

Seit eh und je öffnete der Schnepfenstern als erster sein blinkendes Fenster, und dann war es meist soweit. Man fühlte unter der Schirmherrschaft von Venus die Spannung, hörte sie knistern.

Rasch kamen sie aus dem Abendduster ... die beiden Quaker. Krick- oder Knäkenten, nach ihrer Größe zu schließen, und läuteten mit ihrem klingelnden Flug den Schnepfenstrich ein. Warum nur die Dunkelheit in diesen kostbaren Minuten so schnell um sich griff? Warum nur?

Ritas Körper durchrannen laufend Wellen der Begierde, und in den rasch auf Herrchen geworfenen Blicken stand deutlich zu lesen: „Wann wirst du mir endlich wieder Arbeit verschaffen?"

„Morgen, mein Hund, vielleicht schon morgen."

Die letzte Chance schien in der aufkommenden Nacht zu vertropfen, da schärfte Werners Feuerblitz Andreas' nervliches Netzwerk. Seine Flinte fuhr nach oben, und erst im Anfassen des Zieles merkte er den Irrtum. Um Haaresbreite wäre ein Wichtl in die ewigen Jagdgründe eingegangen! Die ruckartige Flugbewegung hatte Andreas im letzten Augenblick gewarnt, den Finger zu krümmen.

War es „sein Wichtl" aus der bewußten Nacht des letzten Herbstes? Unmöglich. Diesem drolligen Nachtjäger traute Andreas längst nicht mehr alle Schlechtigkeiten zu, übrigens ist der Steinkauz ein Standvogel. Dennoch, oft hatte dieser kleine Kauz Andreas' Lebensraum berührt.

Ob auch Werner einem Trugschluß erlag? Nein, er kam mit einem Schnepf und lachte, als ihm sein Freund von der flüchtigen Begegnung mit dem Nachtgreif erzählte.

„Sei vorsichtig, auf dich haben es, wie mir scheint, diese *Totenvögel* wirklich abgesehen", meinte er lachend und fügte ergänzend hinzu: „Ihr, deine Frau und du, seid ja wahre Gedankenakrobaten auf diesem Gebiet!"

Nach dem Nachtmahl kam das Gespräch der Freunde lange nicht zur Ruhe und sie ließen sich in jener Nacht gerne von Dionysos, dem griechischen Gott des Weines, bedienen. Der in den Gläsern funkelnde vollmundige Blaufränkische – den hier schon die Römer zu schätzen wußten – beflügelte ihre Gedanken; es gab viel zu hinterfragen, zu ergründen und in der Zukunft zu forschen. Da Werner anderentags seinen beruflichen Verpflichtungen nicht entfliehen konnte, sollte Andreas, bis zum gemeinsamen abendlichen Schnepfenstrich, nach Tauben Ausschau halten. Es gab ja Zeiten, in denen er den Tauben mehr nachhing als den Schnepfenvögeln.

Der rufende, verliebte Tauber ist nicht etwa balzblind; er hat vielmehr – wie man so schön sagt – „auf jeder Feder ein Auge". Das Anspringen eines gurrenden Taubers verlangt mehr Geschicklichkeit, als einen streichenden Schnepf aus dem Abendhimmel zu holen.

Nach einer Tasse Kaffee, die Andreas Stechers Kreislauf einigermaßen stabilisierte – was wohl die Römer seinerzeit taten? –, zogen sie los. Rita, springlebendig und vor Übermut schäumend, ihr Herrchen, gierig nach Frischluft saugend. Seit langem wies ihm die Sonne nicht so wohltuend den Weg, bis sich die Kronen der mächtigen Eichen über Jäger und Hund schlossen.

Schon begann sich im Unterholz der transparentgrüne Schleier, der all das Strauchwerk umspielte, zu einem dichten, undurchsichtigen Vorhang zu formen. Diese lebenswichtige Deckung brauchen die Tiere der freien Wildbahn, wenn die Aufzucht zu bewältigen ist. Überall wird die Nachkommenschaft, egal, ob sie sich in Federn oder Haare kleidet, von unzähligen Feinden bedroht …

Plötzlich hakte ein Turmfalk in der unteren Etage einer Eiche auf. Ein erfreulicher Anblick! Mag sein, der kleine Greif kehrte erst aus etwas wärmeren Gefilden zurück. Der putzige Jäger – sehr oft sehen wir ihn als „Rüttler" in den Lüften stehen – schlägt seine Beute nicht im Flug, sondern ist auf Bodenjagd spezialisiert. Er greift entweder nach dem Rütteln zu oder nach Beobachtung von einer Sitzwarte aus.

Jetzt ging ein merklicher Ruck durch das Federkleid des Greifes, und schon ließ er sich wie ein Stein zu Boden fallen. Blitzartig bohrten sich die nadelspitzen Fänge in das seidige Fell der Waldmaus, die im Taumel der Frühlingsgefühle die tödliche Gefahr nicht bemerken konnte.

Gottvolles Sterben, ohne Bitternis und Siechtum.

Rita schielte ihr Herrchen mit schief gehaltenem Kopf fragend an. „Nein, mein Hund, den nehmen wir nicht mit nach Hause." Dann spitzten beide die Ohren, als die erste Strophe eines Ringeltaubers erklang. Was für eine volle, dunkle Frühlingsstimme! Die wollte der Jäger erst einmal, auf einem Baumstumpf sitzend, akustisch genießen.

Das zärtliche Rucksen des Taubers in der Balzzeit zählt neben dem Kuckucksruf zu den ausdruckvollsten Vogelstimmen in unseren Wäldern. Was wäre der österliche Wald ohne des Ringeltaubers Liebeslied? Das weithin hörbare Schwingenklatschen, das der verliebte Frühlingskünder bei seinen Balzflügen vollführt, klingt wie der Pulsschlag der erwachenden Schöpfung. Faszinierend, dem akrobatischen Flugkünstler zuzuschauen. Der liebestolle Tauber schwingt sich – in bester Sichtweite seiner Angebeteten – steil in die Höhe, am Kulminationspunkt klatscht er laut mit den Schwingen, um dann in sanfter Neigung abwärts zu schweben und meist neben der Auserwählten einzufallen.

Sehenswert auch sein zartblaues Federkleid; die prächtig grün und matt rötlich-violette Halskrause sowie die halbmondförmigen weißen Flecken, derentwegen man ja die größte unserer Wildtauben „Ringel"-taube nennt.

Er kann es also noch wie früher, der verliebte Frühlingskünder, als Tauben in riesigen Flügen in die Kornkammern dieses Landstriches kamen und manchen Landwirt etwas nachdenklich stimmten.

Ja, damals …

Liebe und Leidenschaft zur Taubenjagd hatten ihre Wurzeln in Andreas Stechers Jugend. Zu einer Zeit, in denen Krähen, Häher und Elstern zu seinem „Hochwild" zählten. Bald holte er seine ersten Tauben aus dem Frühlingswald. Dabei lernte er das Anspringen des rucksenden Taubers. Das gelang gut in einem gesäuberten Hochholz, in dem kein krachdürres Unterholz den Boden bedeckte. Hier fiel es leicht, die Venusvögel anzuspringen, da kein verräterischer Lärm die Tauben warnte. An allen anderen Örtlichkeiten, vor allem an Waldrändern, entlang von Baumzeilen oder Wasserläufen, bereitete es unerhört mehr Schwierigkeiten, an den Sänger der dumpf sehnsüchtigen Lieder ungesehen heranzukommen. Kein Wunder, der Frühlingskünder ist ja der Venus, einem ganz raffinierten weiblichen Wesen, heilig!

Bald wußte der Jungjäger auch, wann die Tauben zum Wasser strichen und wann sie ihre Schlafbäume aufsuchten. Auch viele ihrer Eigenarten blieben ihm über kurz oder lang nicht mehr fremd. Was ihn dabei besonders verblüffte? Die primitiven Nester der Tauben fand er sehr oft in der Nähe eines Raubvogelhorstes. Die blauschillernden Vögel versprachen sich wohl von den gefährlichen Greifvögeln die strikte Einhaltung des sogenannten Burgfriedens. Die Raubritter der Lüfte schlagen angeblich in nächster Nähe ihres Horstes keine Beute. Auch der Fuchs raubt, wovon alte Jäger felsenfest überzeugt sind, nicht in Baunähe, um dessen Lage und damit sich und die Jungen nicht zu verraten.

Vom Leben geformt, verlor Andreas Stecher allmählich die echte Freude an der Jagd auf „Frühlingstauben", wollte ihre Balz nicht mehr stören. Und trotzdem kam er von diesem Wild nicht los. Dem Taubenstrich um Ägidi, bis hinein in den lieblichen Altweibersommer, fühlte er sich sehr bald mit Haut und Haar verfallen. Jetzt durfte man die ausgereiften Tauben bejagen und konnte ohne Schuldgefühle aus dem vollen schöpfen.

Unwahrscheinlich viele Tauben fielen damals auch in ernteschwangere Getreidefelder ein. Besonders die Gerste, so schien es, hatte es ihnen angetan. Den Zuzug von Tauben aus dem Norden und aus höheren Lagen konnte man nicht übersehen. Sie kamen in starken Flügen und bevorzugten vor allem die von Sturm und Regen zu Boden gedrückten und den Schnäbeln somit besser zugänglichen Getreidebreiten. Der Strich zu diesen Fundgruben an Taubenäsung war gewaltig. Man mußte sich Zeit nehmen, diese Strichstraßen zu erkunden. Dann fehlte nur noch eine geeignete Deckung, die sich aber bald in Form von Strauch oder Hecke fand.

In den Baumzeilen rasteten immer kleine Flüge von Tauben und andere zogen zu. Es gab auch bestimmte Bäume, welche die Tauben zu Einschwung und Rast bevorzugten. Diese speziellen Rastplätze ausfindig zu machen, bereitete dem genauen Beobachter keine sonderliche Schwierigkeit.

Eine Eschengruppe an einem Wasserlauf zog die Tauben wie ein Magnet an. Ein „todsicherer" Taubenwinkel, der das Wort „Schneider" zu einem Fremdwort machte.

Spätsommer- und Herbsttauben sind besonders schmackhaft – etwas für

Feinschmecker! Kein Wunder auch, finden sich doch in den Kröpfen der Vögel beste Körner, Eicheln und Bucheln. Andreas kann es heute gar nicht verstehen, daß er in jenen Tagen von diesen ausgereiften Tauben, die – auch fürs Auge – als Leckerbissen aus der Küche kamen, nichts wissen wollte.

Gefüllte Taube, was für eine Köstlichkeit!

Gerne denkt Andreas an die Reviergänge mit Werner. Ihr Interesse galt vor allem den pfeilschnellen Flugtauben. Krähen, Häher, Elstern, manchmal auch ein vom Küchenchef gewünschter Fasan, machten ihre Beute bunt. Sie griffen bei diesen „bewaffneten Streifzügen" durch Bachgründe und kleine Remisen natürlich nicht ins volle – was Tauben anlangte –, wie etwa beim Ansitz in der Nähe erntereifer Felder, wo man schoß, was man brauchte.

Doch auch bei diesen herbstlichen Reviergängen, die ihre Leidenschaft zur Taubenjagd von Fall zu Fall neu entfachten, trafen sie bisweilen auf starke Durchflüge; in einer Zeit, in der es galt, von den Tauben Abschied zu nehmen. Gedanken – Erinnerungen – Impressionen.

Einmal stand Andreas mit Werner an einem kleinen Wasserlauf, als über einer nahen Erlengruppe ein starker Flug Ringeltauben schwebte. Kurz vor dem Einfall stiegen die Tauben wieder, stürzten hernach in die Tiefe, hoben sich abermals und fielen schließlich knatternd in den Kronen der Bäume ein.

Die Freunde standen etwa hundert Meter abseits am Bach und hatten nicht die allergeringste Chance, ungesehen an die Tauben heranzukommen. Was tun? Warten, bis sich die blauschillernden Vögel aus den Kronen der Erlen hoben? Weiß der Himmel, wohin ihre Schwingen sie dann tragen mochten.

„Wir schicken Rex hinüber", meinte Werner unvermittelt, und der Hund, dem kein Flugwild entging, schien tatsächlich zu verstehen. Er hatte im Laufe seiner vielen Hundejahre hinter alle Schliche des Federwildes geblickt und war ein ausgesprochener Rebhuhn- und Fasanenspezialist geworden. Wie aber sollte er den Tauben beikommen?

Ein Vergnügen, Rex bei seiner ausgeklügelten Arbeit zuzuschauen! Er umschlug zunächst weiträumig die Erlengruppe, kam dann von der Rückseite mit hohem Tempo und lautem Hals auf die Bäume zugaloppiert. Das Unglaubliche geschah! Die Tauben hoben sich – leider alle auf einmal – aus den Baumkronen, und einige segelten über die Freunde hinweg. Wenn sich

Andreas richtig entsann, brachte ihr doppelrohriges Feuer drei Ringler. Schußharte Tauben verlangten schon damals gute Schützen und ebensolche Flinten.

Unauslöschliche Zeiten, in denen die Welt voll warmer Sonne und roter Vogelbeeren war. Die Stimmung im herbstlichen Alpenvorland, mit Taubenflug und süßlichem Mostgeruch, umschmeichelte den Jäger, ließ die brütende Hitze des Sommers vergessen und keine Empfindungen an Kälte und Frost des bevorstehenden Winters aufkommen.

Irgendwann, so gegen Ende Oktober, entschwand die letzte Taube den Augen des Jägers, sie kehrte zurück in ihr fernes Winterquartier. „Grüß uns die Orangenhaine von Korfu, die Blütenpracht von Rhodos, die Säulen von Athen, das orakelhafte Delphi und den weiten, geheimnisträchtigen Peloponnes", dachten die Freunde damals wehmütig, vom eigenen Fernweh geplagt …

Rita drückte ihre feuchte Stupsnase mahnend an die Hand ihres Herrn. Der Hündin dauerte seine gedankliche Nachlese schon viel zu lange. Also los, hinein in den Taubenwald. Neben dem Weg plätscherte lustig ein Bächlein. Wenn der Frühling die stillen Bachgründe mit Blumen überschüttet, leuchtet besonders das kräftige Gelb der Dotterblume so weit das Auge reicht.

Dann das erste, nahe Gurren eines Ringeltaubers. An den Stamm einer Eiche gelehnt, wartete Andreas auf die Dinge, die da kommen sollten. Sie kamen zunächst in Gestalt eines Hähers, der sich unmittelbar vor Jäger und Hund mit dem Schnabel einige Male nervös durchs bunte Federkleid fuhr, zur nächsten Eiche weiterstrich und in deren Krone schimpfend verschwand. Rita bedachte ihren Herrn wiederum mit einem vorwurfsvollen Blick. „Ja, mein Hund, den hätten wir mitnehmen können, doch gleich sollst du Arbeit bekommen."

Weiter also. Das Rucksen des Taubers von vorhin hörte sich schon erfreulich nahe an. Andreas legte Rita ab und sprang den „Hahn des kleinen Mannes" an. Jetzt nur keinen unbedachten Schritt, keine unvorsichtige Bewegung. Doch, wo saß der verliebte Gesell bloß? Sosehr sich Andreas auch mühte, Kopf und Körper wie eine Schlangentänzerin verrenkte, nichts, keine Feder. Und das alles in günstiger Schußentfernung. Endlich sah er den leise wippenden Stoß des rucksenden Taubers. Rasselnder Fall durchs Geäst und deutlicher Aufschlag im Dürrlaub. Welch eine Freude für Rita, die endlich wieder einmal eine kleine Arbeit überglücklich vollbringen durfte.

Lobende Worte dem Hund und Rauchopfer den Jagdgöttern. Der Vormittag währte noch lange, der Mittag lag noch weit. Wohliges Rekeln in der schon kräftig wärmenden Sonne, bis Andreas von neuem dunkles Rucksen aus seligen Träumen riß. Kam es nicht aus der mächtigen Fichte dort drüben? Ja! Im vergangenen Jahr narrte ihn dort mehrmals ein alter, gerissener Tauber. Na warte, vielleicht gelingt heute die Revanche!

Bald stand Andreas unter der alten Schirmfichte, und einige Etagen höher gurrte unermüdlich der Tauber. Vom Minnesänger natürlich abermals keine Spur. Schon war Andreas zweimal um den mächtigen Baum gesprungen, als ein dürrer Ast unter seinem Schuh laut krachend zerbrach. Sofort tiefes Schweigen in den höheren Regionen. Und trotzdem, jetzt gehörte der Tauber ihm; deutlich sah er den langen Stoß im Grün des Nadelbaumes. Noch hatte Andreas seine Flinte nicht an der Wange, warf sich der gewitzte Vogel schon auf seine Schwingen. Diesmal akzeptierte Rita die Niederlage ihres Herrn und bedachte ihn mit einem ermutigenden Blick.

Na denn!

Zum Bach wollte Andreas noch hinunter. Bei der Tränke tat sich immer etwas. Und gemütlich saß man dort unter den Erlen, genau wie als Jungjäger vor einigen Jahrzehnten. Kaum hatte sich Andreas bequem auf einem Stock niedergelassen, fiel irgendwo die erste Taube ein. Nur jetzt keine verräterische Bewegung. Bald segelte die Taube ans Ufer, trippelte ohne Federlesen ans Wasser und trank; saugend, nicht schöpfend, wie das andere Federvieh. Plötzlich ein ansatzloses Abstreichen, bevor der überraschte Jäger zu reagieren vermochte. Der vorwurfsvolle Blick Ritas konnte nicht ausbleiben. „Warte nur, mein Hund, wir bekommen schon noch eine."

Abermals ein flatternder Einfall, und im nächsten Augenblick saß ein stattlicher Ringeltauber kaum zehn Meter vor Andreas auf einem schwankenden Ast. Aug in Aug saßen sie. Vielleicht der alte Tauber aus der Schirmfichte? Kam Andreas der Zufall zu Hilfe? Seine Nerven spannten sich, als stünde ein Kapitalbock vor ihm. Er wollte es probieren, schon um sich den vorwurfsvollen Blick seines Hundes zu ersparen. Bald wäre es wieder schiefgegangen. Die Flinte lag noch nicht im Gesicht, stob die Taube im wilden Hakenflug durch dichtes Geäst. Der Schuß schnappte sie erst draußen im vollen Sonnenschein und ließ sie in ein Meer von Schlüsselblumen fallen. Stolz brachte Rita den Taubenvogel.

Genug für heute und für diesen Lenz. Und allmählich auch Zeit, den Heimweg mit den zwei Tauben am Rucksack unter die Füße zu nehmen.

Langsam gingen Jäger und Hund den Bach entlang. Weit draußen am Feld quarrten aufgeregt die Krähen, und hoch im Himmel zog im Glanz des Frühlingstages ein miauender Bussard majestätisch seine Kreise.

In den Nachmittagsstunden, vor dem gemeinsamen Schnepfenstrich mit Werner, besuchte Andreas Stecher ein Schloß im Heideboden. Ort und Schloß Halbturn, im nördlichen Burgenland gelegen, gehörte seit langem sein Herz. Freunde und Jagd lockten Andreas immer wieder in den zwischen Alpen und Ungarischer Tiefebene gelegenen verträumten Landstrich.

Das Pferd eines Bekannten, der sich freute, wenn seine schöne Stute aus dem Stall kam, sollte Andreas – wie in alten Zeiten – dienlich sein, auf schummrigen Reitwegen in den ausgedehnten Parkanlagen vertraute, heimelige Plätze aufzusuchen.

Das Schloß wird von mächtigen Bäumen umgeben und ragt nicht weit über die Kronen dieser Riesen hinaus. Als Jagdschloß hatte es in seiner Geschichte vor allem unter Karl VI. zu repräsentieren, sonst diente es seinen Gästen, die hier Erholung suchten, als verträumter, stiller Landsitz. Ein Bauwerk, das seit seinem Bestehen mehrmals die Glutfackel zu spüren bekam, das nach dem letzten Krieg zu einem Durchzugslager fremder Besatzungsmächte degradiert und so auch der sinnlosen Zerstörungswut preisgegeben war.

Jetzt, wo sich wieder junges Grün um das Mauerwerk der Schloßanlage rankt, wo leuchtendes Gelb der Forsythiensträucher manche Wunde zudeckt, könnte man das Bauwerk für Dornröschens heimliche Burg halten.

Der schöne, restaurierte Bau entstand am Anfang des 18. Jahrhunderts in seinen Grundformen. Als Bauherr fungierte Graf Harrach, als Baumeister kein geringerer als Lukas von Hildebrandt.

Im Wandel der Zeit erfolgten nur noch geringfügige Veränderungen sowohl im Inneren als auch an den Fassaden des Gebäudes. Zu Umbauarbeiten kam es meist nur dann, wenn es galt, das Bauwerk einem neuen Besitzer zu vererben. Die Krönung dieser Restaurierungs- und Verschönerungsarbeiten stellte zweifellos ein Deckengemälde im großen Festsaal dar, das der berühmte Barockmaler Franz Maulbertsch schuf. Ein wunderschönes Fresko, das – o glücklicher Zufall – alle Wirren des Krieges überstand und noch heute das Auge des Kunstkenners erfreut. Apollo auf dem Sonnenwagen mit Aurora!

Stechers schöne schwarze Stute zeigte absolut kein Verständnis für seine stillen Betrachtungen und holte ihn mit hellem Wiehern in die Wirklichkeit zurück. Sie wußte nur zu gut, unter diesem Reiter durfte sie ihrem Temperament die Zügel schießen lassen.

Nachdem beide ihr Temperament ausgelebt hatten, fiel das Pferd in einen gemäßigten Trab, und die Atmosphäre im Park wurde wieder zur Poesie.

Zählt man die bedeutendsten Besitzer des Barockschlosses auf, muß man Karl VI., Maria Theresia, die Erzherzöge Karl Ludwig, den Sieger über Napoleon, dessen Sohn Albrecht, den Sieger von Custoza, und Friedrich erwähnen. Einige dieser klangvollen Namen sind bis heute nicht verblaßt und leben im Volk weiter. So sprechen die Bewohner von Halbturn noch von einer Kaiserstraße und von einer Christinenallee, in der die Stute abermals die Hufe fliegen ließ.

Nachdem der Erste Weltkrieg verloren war und die Monarchie zerfiel, verlöschten die Kerzen in den Barockleuchtern – Stille kehrte ein.

Halbturn, dessen Bewohner vor Jahrhunderten alle Bitternisse beider Türkenzüge über sich ergehen lassen mußten, hatte sich unter der Patronanz des Schlosses zu einem der schönsten Ansiedlungen im Seewinkel herausgemausert. Wer heute durch diesen Ort geht, spürt deutlich die Nähe des Schlosses und dessen feudale Vergangenheit.

Nach Abschied von der Stute, die sich schnaubend an einer Sonderration Hafer gütlich tat, hielt Andreas Stecher die Zeit gekommen, an den Schnepfenstrich zu denken.

Aus den Augen Werners sprach große Verwunderung, als er von Andreas' erfolgreicher Taubenjagd und von dem Trip nach Halbturn erfuhr. Er wäre gerne dabeigewesen. Doch jetzt rief das Revier.

Schnepfenabend! Vor einiger Zeit zeigte sich hier der Himmel noch voll von Krähen. Eine riesige Schar russischer Saatkrähen, die sich lärmend auf dem Weg in ihre Heimat, ins vertraute Wolgatal und in das weite Land südlich von Moskau, befand. Zweitausend Flugkilometer, ein wahrhaft langgezogener Weg, wenn man höchstens vierzig Stundenkilometer in den

Schwingen hat. Als Lohn für die Strapazen der langen Reise wartete in Rußland ein Sommer ungetrübter Lebensfreude.

Wie schön, würden auch die Schnepfen in so großer Zahl die heimatlichen Breiten aufsuchen. Doch die gefährlichen Klippen, die die Langschnäbel im Süden während ihrer Reise zu überwinden haben, werden diesem Wunsch immer entgegenstehen.

Auf der Fahrt ins Revier sah man vom Wagen aus im Tal die Häuserzeile von Purbach. Das Wahrzeichen dieses Ortes am Neusiedler See ist die steinerne Büste eines Türken auf dem Rauchfang eines Hauses in der Dorfmitte. Glaubt man der Sage, dann hatte ein türkischer Soldat nach übermäßigem Weingenuß den Abzug seiner mordenden, sengenden Horde versäumt und versteckte sich vor den zurückkehrenden Einheimischen in einem Kamin. Ganz sicher griff man damals den „ersten Gastarbeiter", zu dem man ihn bald gemacht hatte, nicht mit Glacéhandschuhen an, als man ihn aus dem Rauchfang zog. Doch der Muselman überlebte die Tracht Prügel, nahm später den christlichen Glauben an und blieb bis zu seinem Lebensende in dem schönen Weinort. Auch in allen anderen Ansiedlungen, die an dieser Weinstraße liegen, finden sich Relikte aus der „unseligen Türkenzeit".

Der Wald nahm die Freunde auf. Viel zu früh standen sie draußen, doch Werner wußte von Andreas' geheimen Wünschen, den beginnenden Lenz zu schauen – zu riechen – zu hören – zu genießen.

Überall Spuren, die jetzt zu neuem Leben drängen; Leben, das aus Holz und Erde sprießt. Ein allgewaltiger Aufbruch ist im Gange.

Leider fehlt der Menschheit die Beziehung zu dem vielfältigen Leben und sie schädigt die Natur, wo immer sich dazu Gelegenheit bietet. Gnadenlos, skrupellos wird verhüttelt, verbaut, verbetoniert, vergiftet ...! Der Mensch – von Beginn an Großmeister im Zerstören – muß endlich zur Besinnung kommen und der Schöpfung zurückgeben, was er ihr im Lauf der Zeit genommen hat. Andreas und Werner wollen nicht glauben, daß alle Kassandrarufe ungehört verklingen und der Homo sapiens auf seinen Selbstmord schon fixiert ist.

Das Leithagebirge, umflutet vom Massentourismus, der da und dort bereits außer Kontrolle gerät, ist selbst – man hält es kaum für möglich – noch eine stillverträumte Insel inmitten des hetzenden, lärmenden Umfelds. In den Sommermonaten ergießt sich eine unübersehbare Autokolonne an den nahen Steppensee, der in absehbarer Zeit unweigerlich zur

Kloake wird, sollte man dem munteren Treiben seiner Massenbeglücker keinen Einhalt gebieten.

Eine riesige Eiche fingen die Blicke der Freunde ein. Was ist schon ein Monumentalbau unserer technisierten Zeit gegen das Wunder eines Baumes, der auf ein Leben von einigen Hundert Jahren zurückblicken kann? Der Riese schien Himmel und Erde miteinander zu verbinden. Es wäre wunderbar, stünden in diesem Land viele solcher Baumriesen und dürften nach ihrem eigenen, mehrhundertjährigen Zyklus leben und sterben.

Die Lieblichkeit des Landschaftsbildes sprang ins Auge. Kleine Wacholderbäumchen, die ihre Köpfe fürwitzig zum Himmel reckten, standen auf einigen kahlen Stellen und erinnerten ein wenig an südlichere Regionen. Keine schreiende Schönheit, dafür stillverträumte Anmut, die wohlige Wärme ausstrahlte. Stets von neuem lockt das Erwachen der Erde zu eigenem Aufbruch, zu neuem Beginn. Frühling! Man fühlt es, er ist da, weil ihm die Schöpfung, im ständigen Wechsel der Zeiten, einen sicheren Platz zuordnet.

Dann erreichten die Freunde die Eichenjugend, über die Schnepfen besonders gerne strichen, wenn ihnen nach Hochzeit gelüstete. Rita preßte ihren zittrigen Körper an das Bein ihres Herrn und fieberte aufmerksam dem Schnepfenabend entgegen. Andreas' Gedanke ...? „Ob heute ein Langschnabel in mein Blickfeld streichen wird?“

Die Waldschnepfe, die mit ihrer großen Verwandtschaft der Watvögel nichts mehr gemein hat – nur der Stecher erinnert noch an das Leben am Wasser –, zieht den Jäger wie ein Magnet an. Warum wohl? Alles um den Langschnabel ist mehr oder minder geheimnisvoll. Die Strichzeiten in der Dämmerung, der gaukelnde Flug, das Quorren, das aus dem hohlen Bauch zu kommen scheint, und nicht zuletzt der florettartige Stecher.

Langsam, bedächtig kam der Abend. Das schrille Gocken eines aufbaumenden Fasanhahns klang fremdartig, störte fast das Abendkonzert der im Wald lebenden Sänger. So wie das Truthuhn – die Parodie auf tratschende Frauen oder wie immer man zu dem Gesang des spaßig aussehenden Vogels sagen will – in unseren Breiten ein Fremdling blieb, konnte auch der Fasan den Nimbus des Fremdstämmigen nicht ganz ablegen.

„Jetzt könnte endlich ein Schnepf in mein Blickfeld huschen“, dachte Andreas, und schon knisterte Spannung. Schattengleich gaukelte über die Eichenjugend ... ein Kauz! „Hallo, Wichtl, was willst du schon wieder?“

Andreas konnte sich mehr und mehr am Anblick des kleinen Nachtjägers erfreuen.

Was nun wieder? Übergangslos gab es den zweiten Nervenkitzel, und abermals brachte kein Schnepfenvogel Unruhe in Andreas' Innenleben. Leiser Abendwind wehte unverkennbar starke Sauwittrung um seine Nase, und schon hörte er das Schweinevolk. Eine Bache mit quiekenden Fröschen. Jetzt aber aufgepaßt! Im Sog dieser urigen Kinderstube konnten auch andere Sauen folgen. Nach wenigen Sprüngen stand Andreas hinter einer starken Eiche am nahen Wegrand, und seine Finger suchten in nervöser Hast nach einer Brenneke. Vergebens, in keiner der vielen Taschen des geräumigen Jägerzeugs steckte dieser im Augenblick so begehrte Bleibatzen.

Seit jenem Tag, an dem Andreas beim abendlichen Gänsestrich am Rande einer hohen Schilfwand des nahen Neusiedler Sees ein Hauptschwein anwechselte, trug er Jahre hindurch eine Brenneke mit sich, wenn die Flinte an seiner Schulter hing. Wie der Teufel in persona kam damals der schwarze, zottige Basse aus dem Rohrwald und zog in aufreizender Gemächlichkeit in günstiger Schußentfernung ins nahe Feld. Der Sturm stellte am Kamm des urigen Wildes die Borsten auf, wie auch die Körperhaare des Jägers bürstenartig standen! Ihn hatte dieser Anblick dermaßen geschockt, daß ihm die erste und einzig günstig anstreichende Gänseschar völlig entging.

Und heute diese Rotte. Abermals trennten Andreas kaum vierzig Gänge von der Bache und ihren springlebendigen Frischlingen, die ständig durcheinanderflitzten, so daß er sie nicht zählen konnte. Mehr als ein Halbdutzend waren es aber todsicher. Und wie Andreas richtig vermutet hatte, drei Überläufer folgten der Bache und ihrem Nachwuchs. Gemächlich, da und dort brechend, verschwand das muntere Schweinevolk in eine nahe Dickung. Aufreizend langsam, und Rita bibberte vor Aufregung. Werner bekam die Sauen nicht in Anblick, vernahm jedoch das Rumoren der ziehenden Rotte.

„Das war's wohl, Sauen sah ich statt Schnepfen", so in etwa Andreas' Gedanken. Da erschreckte ihn ein lautes Quorren. Wo strich der Schnepfenvogel? Dort drüben, außer Reichweite seiner Flinte, gaukelte ein Schemen ins düstere Astgewirr. Kein Spuk, ein Schnepf, der sich zu Boden fallen ließ, um Hochzeit zu halten.

„Quorr, quorr." Der nächste Freier kam entlang des schummrigen Waldweges gestrichen und fiel im Hagel der feinen Schrote aus dem Abendhimmel. Stolz brachte Rita den Langschnabel, und sie teilten die Freude, der sich auch Werner mit einem kräftigen „Waidmannsheil!“ anschloß.

Langsam fuhren die Freunde in der aufkommenden Nacht zur Weinstraße hinunter. Entlang des Neusiedler Sees blinkten Lichter wie unzählige Sterne. In all diesen Orten gibt es blumigen Rebensaft, der seine hohe Qualität der intensiven Sonnenbestrahlung und dem Einfluß des Steppensees verdankt. An allen Ufern des seichten Gewässers, das mit seiner hohen Wasserverdunstung einen Klimaregulator ungewohnter Art bildet, gedeihen Weine von besonderer Güte. Keine Frage, die hier lebenden Hauer werden von der Natur besonders begünstigt und können – dank einmaliger klimatischer und geologischer Voraussetzungen – Weine hervorragender Beschaffenheit herstellen.

Am Ortsrand, in der Kellergasse, kredenzte den beiden Schnepfenjüngern ein lieber Freund einen Rebensaft von besonderer Güte. Nachdem Andreas Stecher getrunken hatte, verstand er den Spruch, der an der Kellerwand hing: „Wer hastig trinkt, sündigt, wer andächtig trinkt, betet ... also laßt uns beten!“ Die drei Männer fanden sicher zu einem andächtigen Gebet, das die Frau des Hauses mit bodenständigen Leckerbissen zu bereichern wußte.

Deutlich spürte Andreas Stecher das Flair, das ihm bei Aufenthalten in burgenländischen Weinkellern immer wieder begegnete. Das lag ganz sicher nicht allein an der Güte des Rebensaftes, vielmehr an der Gemütlichkeit des Einheimischen, den eine ungezwungene, aufrichtige Gastfreundschaft beseelt.

Der Abschied fiel Andreas schwer. Er wußte, wiesehr ihm Werner, dessen Revier und der Landstrich fehlen werden. Ein Revier, das neben vielen Wild- und anderen Tierarten auch ungeahnte floristische Kostbarkeiten in sich barg. Manche Orchidee blühte und verwelkte in den unendlichen Laubwäldern, ohne von einem Menschen wahrgenommen zu werden. Der Gedanke an eine Rückkehr in der Rehbrunft erleichterte beiden Freunden den Abschied ...

* * *

Die verbleibende Frühlingszeit, vom Ende des Schnepfenstrichs bis zur aufgehenden Bockzeit hin, benützte Andreas zu Hause gerne zu ausgedehnten

Reviergängen, die nicht nur dem Vergnügen dienten. Kontrolle der Reviereinrichtungen, Suche nach Fallwild und Abwurfstangen beschäftigten ihn alljährlich lange Zeit. Und sein Forellenwasser faszinierte ihn aufs höchste.

Die Sonne wärmte kräftig, und im Bach begann das Leben zu pulsieren. Forellen stiegen, Bachamseln tauchten, der Eisvogel jagte und Bisamratten schwammen. Ein munteres, ungetrübtes Treiben herrschte um den im Frühlingsschmuck liegenden Bach, da damals Fischreiher und Kormorane den Wasserlauf noch nicht unsicher machten.

In die von Hunger und Winterruhe schlank gewordenen Leiber der Forellen kam in dieser Zeit wieder Schwung. Die Salme schossen und jagten gierig nach allen Happen, die der Bach jetzt im Überfluß servierte. Es mußte für die Fische herrlich sein, durch glasklares Wasser zu flitzen, voll von Sauerstoff. Längst hatten sie die verschmutzten, sandigen Flutwellen des letzten Schmelzwassers vergessen, auch den todbringenden Treibschotter, der so viele Schlupfwinkel hoffnungslos verstopfte.

Das lustige Treiben der Bachamseln währte den ganzen lieben langen Tag. Sie sprangen wie Frösche ins Wasser, tauchten blitzschnell schwimmend und flügelschlagend dahin, liefen über den Bachgrund, als wären sie an Land. Dabei fanden sie noch jedes kleine Wassertierchen, das sich im Schotter verborgen hielt.

In früheren Zeiten kamen in die Oberläufe der Bäche mit den Fischen auch die Otter, die jetzt schon rar wie Nuggets in den Wasserläufen sind.

Schade!

Der Fischotter will nichts wissen von dem Menschen, der Bäche begradigt und in ein steinernes Korsett zwängt. In diesen Gewässern fehlt das Leben, das der Otter für sein Dasein benötigt.

Wenn in der Dämmerzeit Silberkeile über die Wasserfläche zogen und man plumpsende Tauchgeräusche vernahm, war die Bisamratte unterwegs. Auch diese flinken, äußerst fruchtbaren Nager brachten Leben in den Bach. Ein geschäftiges, nimmermüdes Tun, das ganz einfach zum Frühling in den mystischen Bachgründen gehörte.

Und dann die hohen, schrillen Pfiffe! Oft rissen sie Andreas Stecher aus seinen Träumen, und er wähnte sich glücklich, wenn der prachtvolle Eisvogel in sein Blickfeld kam. Torpedogleich stieß er im senkrechten Sturzflug mit großer Wucht in den Bach. Wassertropfen versprühend, tauchte er aus den Fluten, strich etwas mühsam zu seiner Sitzwarte, wo er die Beute mit Genuß verspeiste. Mit welchem Schwung er nur das kleine Fischlein auf den Ast schlug, bevor es in seinem Schlund verschwand.

Diese vielen Erlebnisse am Bach, ohne Zauber und Gaukelei, machten es Andreas Stecher leicht zu glauben, daß Wasser, das Blut der Erde, die Wiege allen Lebens bedeutet.

Dann immer wieder ein Griff zum Glas, um nach dem großen Volk der Rehe zu schauen. Arm der Jäger, der jetzt *nur* die Kronen der Böcke betrachten und wissen will, ob die Geweihe schon blank gefegt sind. Dabei läßt sich in dieser Zeit viel Wertvolles beobachten. Die deutlichen Zeichen der manchmal recht „zornigen Arbeit" des Fegens geben dem aufmerksamen Waidmann sehr brauchbare Hinweise auf das Alter der Rehböcke. So manchen „Durchschwindler" kann man bei seiner frühen Fegetätigkeit ertappen und entlarven. Kommt dann auch noch spätes Verfärben hinzu, besteht in puncto Alter kaum ein Zweifel. Kennt der Jäger die durch Fegen und Plätzen markierten Einstände, sollen die Böcke erst einmal in Ruhe ihr Kleid wechseln.

„Alte Böcke – egal, was sie zwischen den Lauschern tragen – müssen nicht am ersten Tag der Schußzeit fallen." Diese Devise hatte Andreas Stecher von früheren Generationen übernommen. Ein roter Bock macht nun einmal mehr Freude als einer, der mitten im Haarwechsel steht.

Und dennoch vergaß Andreas einmal seine Prinzipien, als kurz vor Beginn der Bockzeit Kollege Helmut anrief: „Der *Ungar* ist da, wird jedoch bald wieder ausbleiben. Komm, wenn dir der Bock noch am Herzen liegt. Der Schlaumeier muß am ersten Tag der Schußzeit fallen. Waidmannsheil!"

Andreas ließ sich tatsächlich – doch nur einmal in seinem jagdlichen Dasein – überreden, einen Bock so früh zu waidwerken. Natürlich lag ihm der *Ungar* noch am Herzen und weckte heiße Erinnerungen an das Vorjahr, wo er die Büchse auf diesen Rehbock schon eingestochen hatte. Doch es kam – wie so oft beim Jagen – alles anders.

Nun aber der Reihe nach. Die Namensgebung, *Ungar*, war dem Rehbock auf den Leib geschrieben, da er immer wieder als „illegaler Grenzgänger" durch den „Eisernen Vorhang" – damals bestand dieses Hindernis noch – schlüpfte, um dem großen Volk der Rehe in Österreich einen Besuch abzustatten. Helmut nahm an, daß der Bock auf unserem Territorium gesetzt wurde, später jedoch in Ungarn, in einer grenznahen Remise, seinen Einstand nahm. Mag sein, daß Heimweh auch im Tierreich Gültigkeit hat!

Pünktlich um drei Uhr traf Andreas bei Helmut ein. Das Jägerhaus, am Ende einer unendlich langen burgenländischen Häuserzeile gelegen, erfüllte schon reges Leben. Der Jagdwagen wartete fix und fertig auf der Straße. Mit einem Wort: Alles stand für die Fahrt in den Morgen bereit. Helmut drängte zum Aufbruch, da er noch bei völliger Dunkelheit den Weidenhochsitz besteigen wollte. In der brettlebenen Feldregion ist das wohl auch der einzig richtige Weg für einen Ansitz am Morgen.

Kaum in den Feldern der endlosen Ebene, zogen Dunstfahnen, stellenweise recht dicht, am Fahrzeug vorbei. Bei einer Strohtriste stellte Helmut den Wagen ab, und nach kurzem Marsch stiegen die beiden langsam und vorsichtig über eine kurze Leiter, die zu dem ausgewählten Hochsitz führte. Prachtvoll in eine alte Kopfweide hineingebaut, bot der Auslug herrliche Sicht über weite Strecken, auch weit hinein nach Ungarn.

Zaghaft erwachte das Tageslicht in den umliegenden Feldern.

„Verflixter Nebel“, zischte Helmut, als er im Fernglas erkannte, daß ausgerechnet am „Eisernen Vorhang“, von wo sie ja den *Ungarn* erwarteten, eine dicke, kompakte Nebelschlange lag. Das schien Andreas jedoch nicht sehr schlimm, da die Dunstglocken im Frühling nie so starr verharren wie etwa im Spätherbst, wo sich der Brodem, zur Freude der Wildgansjäger, manchmal tagelang über den Feldbreiten einnistet.

Noch ließ sich jedenfalls von dem zweihundert Gänge entfernten Drahtzaun, durch den der Rehbock anwechseln sollte, nicht die geringste Spur erkennen.

Was waren das doch für böse Zeiten, als hier noch Minen hinter dieser technischen Grenzsperre lagen! Immer wieder, vor allem nächtens, dröhnten weithin Detonationen, und bei Tag fand man eingegangene Wildtiere. Unweit von hier gab Andreas einer Bache, der die Minen beide Vorderläufe weggerissen hatten, den erlösenden Fangschuß. Schaurige Bilder, die man nicht vergessen kann. Manch ein Schwarzkittel überlebte und fristete fortan als humpelnder Dreiläufer sein beschwerliches Leben.

Langsam griff das Licht um sich, und die beiden Jäger bekamen die ersten Rehe in Anblick. Vom Nebel verzerrt und vergrößert, nahm manches Reh im Fernglas Hochwildstärke an.

Sosehr sich die Grünröcke auch mühten und nach allen Seiten ihre

K.P. Reif

K.-P. Reif

Gläser richteten, den *Ungarn* konnten sie nicht erspähen; keine Granne zeigte der ungerade Sechser. Er sollte ja direkt aus der vor dem Hochsitz liegenden Waschküche kommen, es sei denn, er schlüpfte bereits während der Dunkelheit durch die Maschen des Drahtzaunes nach Österreich.

Im Vorjahr verlief die letzte Konfrontation mit dem *Ungarn* spannend bis zum letzten Augenblick. Andreas sah den Bock in Ungarn gemächlich bis zum Drahtzaun ziehen. Schon machte er Anstalten, sich durch die engen Maschen zu zwängen, da warf er plötzlich auf, verhoffte starr in eine Richtung und ging unverzüglich hochflüchtig ab. Schnell tauchte er in seinen Einstand und bedachte von dort seine Umwelt mit abgrundtiefem, verächtlichem Schmälen. Noch rätselte Andreas über das eigenartige Verhalten des illegalen Grenzgängers, da tauchten zwei ungarische Soldaten, die in schläfriger Müdigkeit ihre morgendliche Streife absolvierten, aus dem Morgendunst. Nichtsahnend, daß sie mit ihrem Auftritt einen österreichischen Jäger um seine Beute gebracht hatten, schlurften sie mit hängenden Köpfen an der technischen Grenzsperre entlang.

Aus der Traum …!

Zur Freude der beiden Jäger kam plötzlich Bewegung in die Nebelbank vor ihnen. Ein leises Lüftchen trieb die Dunstfahnen hinein nach Ungarn. Es dauerte nur wenige Augenblicke, und man konnte den Drahtzaun deutlich erkennen.

Kuckucksruf und Nachtigallengesang tönten aus dem Einstand des *Ungarn,* dessen Auftritt jetzt nichts mehr im Wege stand. Jeden Augenblick konnte der Bock in Anblick kommen. Doch wie so oft – irrt der Mensch! Die eben erst aufgekommenen Hoffnungen der beiden Waidmänner sausten schlagartig in den Keller, als fernes Motorengeräusch die Stille brutal zerstörte. Rasch kam der Grund ihrer Verdrießlichkeit aus den abziehenden Nebelschwaden. Verdammt, ausgerechnet jetzt mußten die ungarischen Grenzsoldaten den hinter dem „Eisernen Vorhang“ liegenden Spurenstreifen kontrollieren. Helmut fluchte leise, jedoch inbrünstig, er sah ihre Felle den Bach hinunterschwimmen.

Was soll's, gegen höhere Gewalt ist der Mensch nun einmal machtlos. An der „heißen Grenze“ mußte man zu jener Zeit Störungen bei der Jagdausübung in Kauf nehmen. Rollende Fahrzeuge, Fußstreifen, Maschinenpistolen-Salven und was es sonst noch an „Schönem“ gab, gehörten zur Tagesordnung. Doch in die Frustration der vermeintlich abrupt beendeten

Frühpirsch – ganz plötzlich ein erregender Schauder! Helmut, der seinen Blick, einer inneren Eingebung folgend, nach hinten richtete, flüsterte kaum hörbar: „Nicht rühren, hinter uns steht der *Ungar,* schnell, er springt schon ab, vielleicht macht er ein Haberl!"

Wahrhaftig, man soll im Leben selbst der allerkleinsten Chance gebührende Beachtung schenken. Umdrehen, auflegen, entsichern, einstechen, mitfahren, und tatsächlich kam der Bock nach zweihundert Gängen – wie Helmut nachher feststellte – zur Ruhe, zeigte Breitseite und blieb im Feuer. Die alte, treue 7-x-64er-Büchse zeigte wieder einmal, was sie zuwege brachte.

Kaum war die Kugel aus dem Lauf, stiegen drüben bei den Nachbarn Leuchtkugeln in den Morgenhimmel. „Aber, aber, wer wird denn gleich so nervös werden? Jetzt könnt ihr ballern, soviel und solang ihr wollt, wenn es euch Spaß macht", sagte Helmut und lachte aus vollem Hals.

Der *Ungar* mußte also schon während der Dunkelheit auf österreichisches Gebiet gezogen sein, und das plötzlich auftauchende Militärfahrzeug hinderte ihn, in seinen Einstand zurückzuwechseln. Dabei nahm er Helmut und Andreas wahr, da sich die beiden nach der Störung durch die ungarischen Grenzsoldaten kein Blatt vor den Mund nahmen. Daß es dann mit dem Bock doch noch zu einem glücklichen Ende kam, konnte Andreas im ersten Augenblick gar nicht fassen.

Die Jagd wird immer wieder von Überraschungen geprägt, wovon sich der Grünrock ein Leben lang überzeugen kann. Und nicht selten scheint im Leben das Schlechte auch sein Gutes zu haben.

Schon wollten sich die beiden Freunde auf den Weg machen, um den „Zwei-Länder-Bock" zu holen, da fielen in der Wiese, an deren Rand ihre Beute lag, drei Trappen ein. Welch beglückende Überraschung! Fürwahr, im Jagdgeschehen sind so viele stimmungsvolle Ereignisse eingebunden, daß es dem Waidmann manchmal schwerfällt, Außenstehenden davon ein Bild zu zeichnen.

Eine der drei Trappen entpuppte sich als Hahn, der bald mit der Balz begann, was seine ihn begleitenden Hennen nicht im geringsten zu beeindrucken schien. Noch darf sich der einheimische Jäger am Anblick der Trappenbalz ergötzen. Doch wie lange werden die tanzenden Federbälle die Augen der Menschen noch erfreuen ...? Wie lange noch ...? Möglicherweise hat der König der Heide eine Überlebenschance in diesen Breiten. Wünschenswert wäre es!

Mit der Sonne kam ein schwacher Wind auf und spielte mit den Blättern der Weide. Zaghaft lispelte es um Andreas und Helmut. Der schauende und hörende Jäger kann sich fortwährend überzeugen, daß Bäume leben. Jeder Baum hat sein eigenes Wesen, seine eigene Stimme. Ein bißchen Wind bringt sie alle zum Sprechen. Oft genügt schon ein Hauch, und es geht ein Raunen, Wispern durch die Kronen. Der eine redet laut, der andere leise, manche flüstern nur.

Da gibt es das freche, schrille Geschwätz der Pappel, die feine, vornehme Sprache der Linde oder das leise Singen der Föhre. Das eine klingt aufwühlend, das andere melodisch.

Viele Bewohner eines Baumes schenken diesem ein zweites, ein mehrfaches Leben, gleichviel, ob dies durch Vogelgesang oder durch der Eichhörnchen munteres Treiben geschieht. Und was da in der mächtigen, weitverzweigten Krone eines Baumes noch alles krabbelt, summt und schwirrt!

Bäume sind mit manchen Menschen zu vergleichen, die durch ihre bloße Anwesenheit Interesse erwecken. Ist ein Stadtbild nicht erst dann schön, wenn es Bäume ziert? Monumentale Straßen und Bauwerke – für die Ewigkeit errichtet – bleiben ohne das sie umschließende grüne Band nackte Betonburgen.

Dort, wo viele Bäume beisammenstehen, dort, wo die Natur die Erde mit Wäldern bedeckte, werden sie zum Blickpunkt aller. Die Schöpfung ist nicht nur schön, sondern auch Garant für das Überleben der Menschheit auf unserer Erde. Man weiß davon, schließt Augen, Ohren und Mund und setzt den sinnlosen Raubbau an den Wäldern munter fort. Obwohl anerkannte Wissenschafter die damit verbundene drohende Klimakatastrophe und all ihre Folgen mit großen Lettern an die Wand malen – lesbar auch für die Dümmsten der Dummen –, zeigen sich die *Großen* dieser Welt uneinsichtig. Warum wohl? Prestigedenken, Geldgier und eine abscheuliche „Nach-mir-die-Sintflut-Mentalität" mögen Beweggründe für dieses stupide Handeln sein.

Was wohl einmal Angehörige eines anderen Planeten sagen, wenn sie die verwüstete Erde besuchen und sich über den Untergang seiner Bewohner den Kopf zerbrechen?

„Sie wußten, was auf sie zukommt, haben jedoch nichts dagegen getan."

Krone und Alter des ungarischen Grenzgängers schenkten Andreas hohe

Zufriedenheit, der Anblick seiner gescheckten Decke jagte ihm jedoch einen kalten Schauder über den Rücken. Das feierliche Versprechen, nie mehr einen Rehbock am ersten Tag der Schußzeit zu strecken, hielt Andreas bis zum heutigen Tag.

Die Freunde verweilten noch einige Zeit im Revier; zu Hause ließ dann ein festlich gedeckter Mittagstisch den bedrückenden Anblick des im Haarwechsel stehenden Grenzbockes vergessen.

Helmut ließ Andreas erst ziehen, nachdem dieser versprochen hatte, in der Rehbrunft wieder zu kommen.

* * *

Nach Rückkehr aus Pannonien lag auf Andreas Stechers Schreibtisch ein Berg unerledigter Arbeit, der ihn die Rehböcke rasch vergessen ließ. Zu allem Überfluß gab es auch wieder einmal Ärger mit einem notorischen Grenzschinder, der im Zuge einer Nachsuche „mit Hund und Büchse" in Stechers Revier sein Unwesen getrieben hatte. Von einem Landwirt beobachtet, bestritt das Lügenmaul, die „Grenzverletzung" begangen zu haben.

Ein unangenehmer Zeitgenosse, der die dickfellige Art eines Rhinozeros besaß, im Gespräch den Irrwitz denkbar und die Wirklichkeit verrückt erscheinen ließ. Bei ihm schien jener, der auf den Schmutz hinwies, im Endeffekt bösartiger zu sein als der, welcher den Schmutz verursacht hatte. Andreas Stecher setzte ein bärbeißiges Gesicht auf und wies dem Advocatus Diaboli die Tür.

Lange klapperte die Schreibmaschine des Unermüdlichen, der schönen Stunden und Tage nicht achtend. Doch einmal fand aller Papierkram ein Ende, und Andreas sehnte sich nach dem Revier, nach der ersten Morgenpirsch seit langem. Alle Böcke, so dachte er, mochten nun schon voll verfärbt in Rot leuchten, ihr scheckiges Eselgrau abgelegt haben. Und als es endlich soweit war, hatte der revierhungrige Mann der Feder ... verschlafen. Das tat weh, doch alle Selbstvorwürfe halfen nichts, auch nicht die grimmigen Blicke in den Spiegel bei der Morgentoilette!

Was soll's?

Wie lief das doch vor einigen Jahren, als er dem alten Achter die Kugel ganz überraschend am späten Vormittag aufs Blatt zirkeln konnte ...? Richtig: Vorher sah man Andreas am Forellenbach. Einige Äschen stiegen und landeten allesamt, zur großen Freude des jagenden Fischers oder fischenden Jägers, in dessen Rucksack. Das könnte doch heute genauso geschehen. Oder etwa nicht? Einen Versuch sollte man auf alle Fälle wagen! Andreas sah sich ohnehin schon lange nicht – auch Tage können manchmal zur Ewigkeit werden – mit seinem geliebten Fischwasser konfrontiert.

War damals wie heute ein trüber Tag, ohne Sonnenschein am frühen Morgen, mit fallweisem Sprühregen. Übrigens: In der Feistzeit bekommt man einen Rehbock während des Tages manchmal eher zu Gesicht als in den für so günstig erachteten Dämmerzeiten. Warum also noch Trübsal blasen? Der Wagen stand bereit. Auf den Rücksitz das Jagdzeug, und der Kofferraum nahm großmaulig all das Fischerzeug auf.

Wohlriechender Sommeratem lag über den bachnahen Wiesen, doch über der nahen Bergregion stand ein drohender Gewitterstock. Möglicherweise kamen Donner und Blitz rasch über den Landstrich. Die Unwetter, die sich in der Bergwelt zusammenbrauen, sind besonders heimtückisch, sagen die Alten im Dorf – und die müssen es ja wissen! Andererseits schaut nach einem kurzen Gewitterregen die jagdliche Welt nicht ungünstig aus.

Augenblicklich verschwendete Andreas jedoch keinen Gedanken an ein Donnerwetter, denn: Auch heute stiegen die Äschen! Die schuppentragenden Salmoniden zeigten sich hier meist sehr heikel und mieden den Haken wie der Teufel das Weihwasser. Zum Frust des Petrijüngers! In wenigen Minuten holte Andreas drei prächtige Sprötzlinge aus dem klaren Fließwasser auf eine schneeweiße Schotterbank. Was für ein tapfer kämpfender Fisch! Sein buntes Farbenspiel, in dem sich Grün, Grau, Blau und Purpurrot pastellfarben vereinen, begeisterte Andreas stets von neuem. Das Schwarz an seinem schlanken Leib und die dunklen Punkte hinter dem Kopf verleihen dem Asch fast ein okkultes Aussehen.

Die ersten Tropfen fielen, sie konnten Andreas jedoch nicht erschrecken. In einem nahen Tümpel stand – so hoffte der begeisterte Fischer zumindest – eine starke Bachforelle, mit der er noch ein Hühnchen rupfen wollte. Anfangs Mai schien es, daß sie fast schon sein sei, der Kescher bereits unter dem Salm, doch mit einem tollen Salto konnte sich der Fisch den Haken im allerletzten Augenblick noch aus dem Maul schlagen.

Heute sollte es aber klappen!

Leiser Regen fiel in den Bach, als Andreas sein Ziel erreichte. Der dunkle Gumpen schaute wie ein Riesenauge nach ihm. Nun aber schnell. Erster Wurf. Nichts. Zweiter Wurf – und schon gab es einen Hänger! Nein, zum

Glück ein starkes, zorniges Rütteln an der Rute. Andreas' Herz jauchzte, bevor ein wilder Tanz seinen Anfang nahm. Die kapitale Forelle schoß aus dem Tümpel und versuchte – wie vor einigen Wochen – mit allen Tricks, dem Haken zu entkommen. Ein Kampf auf Biegen und Brechen. Wasser spritzte, Blitz und Donner kamen mit Getöse in bedrohliche Nähe. Dunkle Wolken verfinsterten den Himmel, derweil sich der Fisch gischtsprühend auf der Wasserfläche wälzte und wieder in die Tiefe schoß.

Ein Drill ohne Ende?!

Schwere Tropfen schlugen unzählige kleine Krater in den Tümpel und trommelten den Takt zu dem Kampf Mensch gegen Fisch. Nach langem Hin und Her landete die herrliche Forelle im Kescher, und Andreas flüchtete im prasselnden Gewitterregen mit weiten Sprüngen zu seinem Wagen.

Der Himmel öffnete nun vollends seine Schleusen, und die Welt schien in einer wahren Sintflut zu versinken.

„Mag es wettern, so lange es will", dachte Andreas, wenn feurige Zungen krachend in die Umwelt fuhren. Er ergötzte sich am Anblick seiner so traumhaft gezeichneten Beute, die im Fahrzeug einen würzigen Geruch verbreitete. Und draußen rauschten noch immer dicke Regenschnüre zur Erde.

„Jetzt fehlt eigentlich nur noch ein Rehbock, dann wäre es wie vor Jahren, als mir in der Mittagsstunde der ungerade Achter zur Beute wurde", grübelte der glückliche Fischer. Von einer unergründlichen Unruhe nach einem morgendlichen Fischzug ins Revier getrieben, streckte er damals den Rehbock, dem er sich schon wochenlang gewidmet hatte. Am Rande seines Einstandes, einer dichten Fichtenjugend, naschte der Ungerade an den regennassen Gräsern, als ihm die Kugel ins Leben fuhr. Und das, kurz bevor das Mittagsgeläut von der Dorfkirche herüberschwang. Und wie soll es heute weitergehen ...?

Das Gewitter verduftete so schnell wie gekommen. Nur noch einige Male blitzten die Waffen der Götter in der Ferne, dann kehrte Stille ein.

Inzwischen hatte sich rein äußerlich der Fischer zum Jäger gewandelt und machte sich auf einen Pirschgang, den so manch anderer still bestaunt hätte. Alles wie damals, es fehlte nur der Rehbock!

Wäre nicht Regen gefallen, könnte man die beabsichtigte Pirsch, was Tages- und Jahreszeit anlangt, wahrhaftig belächeln. Vor der Brunft sitzen doch die Herren im roten Frack in der Dickung und dösen in fauler Gemütlichkeit dem Liebesreigen entgegen. Manchmal gibt es Tage, an denen man das Revier ohne Böcke wähnt.

Feistzeit!

Langsam, in Gedanken versunken, pirschte Andreas Stecher gemütlich durch sein Revier; er wollte doch eher die Zeit bis zum Mittagstisch überbrücken.

Zunächst führte sein Weg durch eine Feldregion, dann kam eine Wiese, die schon sehnsüchtig auf den Mähbalken wartete. Der überständige Grasdschungel fiel leicht zu einem Bachgrund ab.

Auf dem Gipfel eines Weißdornstrauches thronte stolz ein Neuntöter und ließ seinen Blick interessiert dem Jäger folgen. Der hübsche Vogel sieht nicht so grausam aus, wie er eigentlich ist. Er spießt zunächst – so erzählt es die Sage – neun Beutetiere an die Dornen seiner Burg, bevor er sich an die Mahlzeit macht. Kann man darin nicht menschliche Züge sehen ...?

Wie kräftig doch so ein Sommertag atmet, wie schön, wenn die Sonnenstrahlen mit all seinen Farben spielen. Ein Glitzern und Funkeln in den regenbehangenen Gräsern der Wiese! Man sollte die Tage bis zur Neige auskosten, sie ziehen so irrsinnig schnell über das Hügelland, und bald werden in den Bachgründen wieder tagelang die Nebelschwaden liegen. Faul, träge, nicht gewillt, von der Stelle zu weichen.

Hoppla! Ein roter Fleck im untersten Wieseneck? Andreas führte das Glas an die Augen. Richtig! Da unten saß wie versteinert ein Rehbock am Wiesenrand, schon im Schatten einiger Erlenäste, die fast bis zum Boden reichten. Das Spektiv ließ keine Frage offen: der Zweijährige mit den krummen Spießen, die Lungenwurmbefall vermuten ließen. Vom Aufsichtsjäger längst bestätigt, doch bis jetzt immer durch die Maschen des Abschußplanes geschlüpft. Es bereitete auch Andreas Schwierigkeiten, an den Kümmerer heranzukommen. Wenn überhaupt, erst nach einer weiträumigen Umgehung. Und ob der Heimliche dann noch in seinem Lager saß ...?

„Sei's. Wie langweilig wäre manchmal die Jagd, wenn es nicht ständig neue Überraschungen, Herausforderungen gäbe", dachte sich Andreas und machte sich auf den Weg.

Das schweißtriefende Vorhaben schien tatsächlich aufzugehen. Als der Jäger bereits auf Schußdistanz den ersten fragenden Blick aus sicherer Deckung in die schattige Ecke der Wiese warf, hatte er auf Anhieb die verdrehten Spieße im Glas. Der Abnorme saß noch immer im selben Bett, aus dem er jetzt schon hochwerden könnte. Denn nun lag auf einem kleinen Hügel, der Andreas Deckung bot, die auf dem Rucksack gut eingebettete Büchse, und das Warten im prallen Sonnenschein nahm seinen Anfang.

„Verdammt, auch mit Gewalt läßt sich kein Bulle melken", feixte Andreas, einem Sonnenstich nahe. Das Hemd klebte klatschnaß auf seinem Körper, als ihn böige Winde in den Nacken stießen. Das tat wohl und konnte auch die Lösung bringen, da die Luft direkt in Richtung Rehbock zog. Und da kam der Kümmerer auch schon auf die Läufe. Langsam, unwillig hob sich der Bock aus dem Bett. Steif, mit leicht gegrätschten Läufen stand er unter den schattenspendenden Erlenästen und hob windend den Äser.

„Klick", machte der Stecher, fast ein wenig zu laut, doch in diesem Augenblick warf die erlösende Kugel den Abschußbock zurück in sein noch warmes Bett.

Wer weiß, wie lange Andreas noch hätte ausharren müssen, wäre ihm der verräterische Wind nicht beigestanden. „Selten, daß dem Jäger der Wind von Nutzen ist", dachte Andreas und suchte den Schatten.

Nach einer kleinen Erholungspause und einem Rauchopfer stand der Jäger sinnend bei seiner Beute. Als er am nahen Bach aufbrach, fand sich seine Vermutung bestätigt. Lungenwurmknoten im Geräusch. Ein Hegeabschuß, der Freude bereitete. Und überdies hatte Andreas den trägen Feistböcken ein Schnippchen geschlagen, zu ungewohnter Zeit einen aus dem Revier geholt ... wie vor Jahren schon einmal, nach dem Fischen.

Was für ein Tag! Verschlafen, Entsetzen, mürrischer Beginn. Und jetzt fröhliche Heimkehr, reich von der Natur beschenkt, mit prachtvollem Fisch und abschußnotwendigem Bock. Wie das alles nur möglich sein konnte, das wußten allein die Götter!

Mittagsstunde und Sommerhitze hatten sich verbrüdert, und Andreas Stecher fühlte: Jagen ist mehr als sinnloses Töten.

* * *

Die „runden Geburtstage" eines Jägers haben es in sich. Das merkte Andreas Stecher im Jahre seines fünfzigsten Wiegenfestes. Freunde und Bekannte bedachten ihn mit Jagdeinladungen, und es kamen weit mehr zusammen, als sein Herz begehren durfte.

Die Fahrt zu Werner ins pannonische Land – wenn die Rehe ihren Brunftreigen tanzten – war beschlossene Sache. Vorher mußte und wollte er jedoch noch zu Robert, der ihn mit einem besonders „abgefeimten" Rehbock zu locken verstand. Die Freunde wußten von seinem Faible für schwierige Fälle, die er mit viel Ehrgeiz zu lösen versuchte – was ihm meist auch gelang –, um nicht die Spötter aus ihren Löchern zu locken!

Das auf steilen Felsen thronende Stift Melk liegt wie ein Bollwerk am Eingang zur Wachau. Wenn auch die Harmonie von Landschaft und Bauwerk, wie auch die ganze Prachtentfaltung des Benediktinerstiftes von der Donau aus am besten zu genießen ist, erfreute Andreas Stecher der Anblick des barocken Juwels auch während der Fahrt mit dem Wagen. Wenn der Jäger hier die monotone, geisttötende Autobahn verließ, sah er sich dem Ziel schon relativ nahe.

Ein geschichtsträchtiger Landstrich, schon früh besiedelt. Funde aus der Stein-, Bronze und Eisenzeit legen Zeugnis davon ab. Auch Römer, Slawen, Awaren und Bajuwaren haben hier ihre Spuren hinterlassen.

Freund Robert, der mit Familie eine Auslandsreise unternahm und erst zu der in etwa zwei Wochen beginnenden Rehbrunft zurückkehren wollte, stellte Andreas die Jagdhütte am Moserboden zur Verfügung. Den Jagdherrn beruhigte es, sein Revier – den Aufsichtsjäger hatte ein Beinbruch außer Gefecht gesetzt – in guten Händen zu wissen.

„Genieße die freie Büchse auf Schwarzwild und auf den Rehbock beim Herzogstein, von dem ich dir telefonisch erzählte. Wenn du den ‚Heimlichtuer' nicht bekommst, schießt du eben einen anderen." Mit diesen Worten hatte er Andreas' Ehrgeiz natürlich bewußt angestachelt, was jedoch bei Gott nicht notwendig gewesen wäre.

Mit Freuden bezog Andreas Stecher am Moserboden die Jagdhütte, die viele schöne Erinnerungen in ihm weckte. Hier ließ es sich wohnen, jagen und glücklich sein! Auch Rita zeigte sich begeistert, nachdem sie die Hütte inspiziert hatte. Wuchsen den beiden einmal die kalten Speisen zum Hals heraus, lag ein Waldgasthaus nicht weit. An der Reviergrenze stand es, und mit dem schrulligen Wirt brachte Andreas in vergangener Zeit schon manch tiefsinniges Gespräch über die Runden.

Vor der ersten Abendpirsch fuhr Andreas zu der idyllisch gelegenen Waldschenke, um sich mit Eß- und Trinkwaren einzudecken.

Das Gulasch roch verführerisch … schmeckte jedoch enttäuschend. Da fehlte die notwendige Menge an Zwiebeln, die sich in der schnell gegriffenen Konservendose nicht fand. Andreas sagte nichts, wollte den durchsichtigen Frieden der malerischen Gaststätte nicht stören.

„Der Friede ist nicht alles, doch ohne Frieden ist alles nichts", dachte der Jäger und tröstete sich mit einem Becher Portugieser, der vorzüglich mundete.

Der Wirt kam in die Gaststube. Ein spleeniger kleiner Kauz, der sich mit Geschichte und heimatkundlichen Dingen offensichtlich mehr befaßte als mit den Kochkünsten seines Küchenpersonals. Schnell kam der Alte mit kurzen, zappelnden Schritten auf Andreas zu.

Mit seinem kugelrunden Kopf, in dem zwei große, helle Augen steckten, sah er aus ... wie ein „menschliches" Wichtl. Andreas Stecher lächelte bei diesem Gedanken still in sich hinein.

Das ulkige Männlein sprühte sichtbar vor Eifer und meinte mit aufgesetzter listiger Miene: „Gestern habe ich einen narrisch guten Rehbock gesehen."

Finte oder Wahrheit ...?

Einmal die Woche hielt der Gastronom sein Beisel geschlossen und unternahm an diesen Ruhetagen meist ausgedehnte Spaziergänge durch die umliegenden Wälder, die ja bis zu seiner Haustür reichten. Da er während dieser Wanderungen gerne mit einem Fernglas nach den Tieren des Waldes Ausschau hielt, konnte man dann und wann sogar einen recht brauchbaren Hinweis von dem eigenbrötlerischen Alten – auch Robert mochte ihn sehr, da er den Jagdbetrieb nie störte – bekommen. Im Laufe der Zeit entwickelte sich der stille Beobachter zu einem Meister im Ansprechen, und es fiel ihm nicht mehr schwer, beispielsweise eine Rehgeiß von einem Knöpfler zu unterscheiden. Hie und da ging allerdings die Phantasie mit ihm durch, und dann nahm manche mittelmäßige Krone kapitale Formen an.

„Nun, wo haben Sie den narrisch guten Bock gesehen", wandte sich Andreas an den Alten.

„Das werden Sie mir jetzt wahrscheinlich nicht glauben – beim Herzogstein!"

Andreas erstaunte es tatsächlich, daß ausgerechnet der schrullige Kneipier den von Robert als so heimlich dargestellten Rehbock gesehen haben sollte. Hatte möglicherweise der Kauz im Gespräch mit Robert von dem unsteten Rehbock erfahren?

In der Waldschenke kam schon einige Male die Rede auf den sagenumwobenen Herzogstein. Markgraf Leopold, so weiß es die Legende zu berichten, hat an jener Stelle bei einem Jagdunfall sein Leben verloren.

Die Jagd nahm im Leben des freien und adeligen Mannes einen hohen Stellenwert ein. Sie verlangte vom Jagdherrn und dessen Gefolge den Einsatz männlicher Kraft, Kühnheit und Entschlossenheit. Sie forderte nicht nur körperliche Leistung und Mut, sie war auch mit ernsten Gefahren verbunden.

Bezeichnenderweise, wenn auch unverbürgt, berichten die Erfurter Annalen von einem schweren Jagdunfall des Markgrafen Leopold, der dessen Tod verursachte. Die Untersuchung der Reliquien des Heiligen im Jahre 1936 konnten den Bruch des rechten Unterkiefers feststellen, was auf eine Verletzung durch einen Wurfspeer hinzudeuten schien.

Die Jagd soll auch ihre Finger im Spiel gehabt haben, als dem Geschlecht der Babenberger dieses Land als Lehen anheimfiel. Leopold der Babenberger – so weiß es die Legende – eilte dem auf einer Jagd von einem Bären bedrängten König Otto I. zu Hilfe und wurde dafür reich beschenkt …

Zurück zum Herzogstein, bei dem der vor Begeisterung sprühende Wirt den guten Rehbock gesehen haben wollte. Schon als Robert von diesem Rehbock erzählte, erstaunte das Andreas einigermaßen, da seines Wissens in der dolinenartigen, mit Steinen übersäten Senke noch nie ein Rehbock seinen Wechsel zog. Weder gab's Äsung in dem verkarsteten Loch noch ausreichende Deckung.

Vom Herzogstein wußte der kauzige Gastronom jedoch eine Unzahl von Spukgeschichten zu erzählen. Vom Herzog, der in gewissen Vollmondnächten im glänzenden Hermelincape die mit Steinen gepflasterte Senke durchschreitet, bis hin zu seinem Gefolge, das „rotes" und „schwarzes" Wild hetzt, stellt und mit kalten Waffen abfängt, ist alles in den Schilderungen des sympathischen Schwadroneurs zu finden.

Andreas Stecher wollte jetzt aber keinen mit Gespenstern angereicherten Diskussionsmarathon, er wollte vielmehr mit den erstandenen Lebensmitteln zur Jagdhütte am Moserboden und dann zum Herzogstein, um nach dem „narrisch guten" Rehbock Ausschau zu halten.

„Wenn ich diesen Bock gestreckt habe, werden Sie mir bei einer Flasche guten Portugiesers von all diesen Geistergeschichten erzählen", sagte Andreas Stecher lachend, zahlte und verließ gut gelaunt die ruhige Spelunke.

Und mit diesem Weg zum Herzogstein nahm eine Reihe von Pirschen und Ansitzen ihren Anfang.

Unmittelbar vor seinem angepeilten und vormals kaum beachteten Ziel erhob sich von einer alten Eiche ein gewaltiger Schwarm Krähen. Die schaurig krächzenden Galgenvögel paßten recht gut zu der mystischen Senke, in der nächtens Geister ihr Unwesen treiben sollten, wie der Wirt in der Waldschenke zu erzählen wußte.

Andreas Stecher nahm an jenem Vorabend zum ersten Mal den Herzogstein und sein Umfeld genau unter die Lupe und fand tatsächlich recht bald die starke Fährte eines Rehbockes. Sie stand deutlich sichtbar zwischen den Steinen in der Mulde wie auch an deren Rändern.

Wo mochte jedoch der Einstand des heimlichen Bockes liegen? Vielleicht in einer etwas höher gelegenen Eichenjugend, die auch Hoch- und Schwarzwild günstige und gern angenommene Deckungen bot.

Sinnend stand Andreas bei dem pilzartigen Stein, der so gar nichts „Herzogliches" an sich hatte. Ein Stein wie viele andere hier, doch von der Sage eben zum Herzogstein erhoben.

Die Legendenbildung zeigt sich ja in vielen Dingen „lawinös", vor allem dann, wenn sich geistreiche Spinner – wie der Wirt in der Waldschenke – damit beschäftigen und dabei ihren Gedanken freien Lauf lassen.

Der Bock vom Herzogstein wollte jedoch Tage hindurch sein Geheimnis nicht preisgeben. Andreas Stecher begann allmählich, nach anderen Rehböcken zu schielen, wie er selber mit Unbehagen feststellen mußte. Schnell besann er sich, mobilisierte all seinen Ehrgeiz, um die einmal begonnene Jagd auf den Geisterbock erfolgreich zu beenden. Und dabei sollte es nicht einmal vor dem Teufel einen Kniefall geben!

Da die Rehbrunft noch auf sich warten ließ, suchte Andreas den imaginären Bock, dessen Trittsiegel rund um den Herzogstein standen, in den umliegenden Wäldern.

Bald lag eine Rallye von Pirschen und Ansitzen hinter dem einsamen Jäger, doch von dem Gesuchten gab's nicht einmal ... einen Schattenriß!

Andreas Stecher entfernte sich bei seinen abendlichen Ansitzen und morgendlichen Pirschgängen mehr und mehr vom Herzogstein, sah einige Rehböcke, Tiere, Kälber und mehrere Basthirsche. Auch Schwarzwild kreuzte – im wahrsten Sinne des Wortes – seine Wege, in der Zeit, in der es dem Gespensterbock galt.

Trieben möglicherweise wirklich Dämonen ihr Unwesen rund um den Herzogstein …?

Eines Abends, Andreas Stecher verließ etwas früher den Hochsitz, um das letzte Quentchen Licht für eine kurze Pirsch zu nutzen, schoß er einen stattlichen Hosenflicker. Der dreijährige Keiler kam dem Jäger wie ein Hund auf dem schattigen Waldweg entgegen. Ganz gemächlich, wahrscheinlich hungrig, auf frühen Fraß aus. Oder wollte er ein erfrischendes Bad in einer nahen Suhle nehmen?

Obwohl von Rita angezeigt, blieb Andreas gerade noch Zeit, in überhasteter Eile, freihändig und ohne einzustechen, die Kugel auf doppelte Zimmerlänge zu versenden. Dem fürwitzigen Schwarzkittel klatschte das Geschoß zwischen die Lichter und er tat, als hätte es ihn nie gegeben.

Ein Fest für Rita! Die Hündin genoß dieses Intermezzo in der eintönigen, arbeitslosen Zeit! „Wahrscheinlich schießt man unter solchen Begleitumständen nur einmal im Leben eine Wildsau“, mutmaßte Andreas, konnte diesem Gedanken aber nicht lange nachhängen.

Das Echo des Schusses pflanzte sich noch fort, als aus der nahen Eichendickung oberhalb des Herzogsteins das Schrecken eines Rehbockes tönte. Schrecken konnte man das eigentlich nicht nennen, es klang vielmehr wie abgrundtiefe Trompetenstöße.

Also, da drinnen steckte der Satansbraten, der Andreas schon so lange auf der Seele lag!

Ab diesem Zeitpunkt blieb Andreas Stecher auf dem Hochsitz, der am Rande der Eichenjugend stand und den Blick zum Herzogstein freigab. „Irgendwann muß der Bock doch vor meinem Feuerrohr auftauchen“, dachte der Jäger und wollte diese Meinung bis zum gelungenen Ende nicht ändern.

Bei regenverhangenem Himmel lenkte Andreas Stecher seinen Jagdwagen wieder einmal zur Waldschenke. Rasch faßten ihn die Pupillen des Wirtes, und er vermochte dessen Gesellschaft nicht zu entgehen. Ohne Mühe kam das Gespräch auf den Bock vom Herzogstein, und Andreas war ehrlich erpicht zu erfahren, ob der Waldschratt den Heimlichen in den letzten Tagen zu Gesicht bekommen hatte.

Und ob!

Der Gastronom beschrieb das Geweih des Rehbockes, als stünde er inmitten der Gaststube. „Glauben Sie mir, der Bock hat sehr hohe, fast endenlose, dolchartige Stangen, die in der Brunft anderen Rehböcken gefährlich werden könnten."

Zum Teufel, Andreas genierte sich fast ein wenig, oder sollte er dem kauzigen Alten mißtrauen? Doch dessen Worte klangen überzeugend, und am Ende meinte er schulmeisterlich: „Ja, wenn Sie Sauen schießen, können Sie den Rehbock natürlich nicht erwischen!"

Mit jedem Wort wuchs in Andreas' Seele der Schmerz, den auch der vollmundige Portugieser nicht wegspülen konnte. Ein wenig vergrämt und gedankenschwer verließ er das Waldgasthaus.

Während seines Aufenthaltes in der Schenke wechselte der Himmel sein Gesicht. Das verhangene Novembergrau wandelte sich in ein leuchtendes Sommerblau. Andreas' Laune stieg sprunghaft, und er vergaß schnell die provozierenden Worte des Gastronoms.

Andreas Stecher ging immer gerne etwas früher ins Revier. Die Meditation, bevor die Spannung im Dämmerlicht ihren Höhepunkt erreichte, wollte er nicht missen. Die Einstimmung auf das Kommende und die Naturschönheiten im Auge, gaben ihm unendlich viel.

Sehender Jäger – glücklicher Jäger!

Kurz bevor die letzte Prise Büchsenlicht erlosch, rief ein Kauz, und Andreas Stecher verließ wie in Trance – einer inneren Stimme folgend – den Hochsitz und schlenderte mehr oder weniger durch die aufkommende Nacht zum Herzogstein hinunter. Wäre doch großartig, in der mystischen Senke das wilde Treiben der urtümlichen Jäger mit ihren blanken Waffen zu sehen, von dem der ulkige Wirt in der Waldschenke immer zu erzählen wußte!

Ein vorsichtiger Blick über die Kante der Doline ließ Andreas zur Erde sinken. Inmitten der Mulde, zwischen den bekannten Gesichtern der wuchtigen Steine, gab es einen dunklen Fleck, der nicht hingehörte. Schnell zeigte die starke Optik des Glases einen Rehbock mit grauem Haupt, das hohe, endenlose Stangen zierte.

Hirngespinst oder Realität ...?

Stand da unten tatsächlich der wochenlang gesuchte Rehbock, wie aus Erz gegossen und wartete geduldig, bis die Kugel nach ihm griff?

Ein Trugbild? Kam gleich das dem Jäger zum Überdruß bekannte Schmälen aus der Dunkelheit? Nichts dergleichen geschah, und Andreas ging der Kugel nach, die ihren Weg genau ins Leben gefunden hatte. Bald stand er mit klopfendem Herzen vor dem Schwererkämpften, Vielgehörten, Oftverdammten und doch so Begehrten, wegen seiner Raffinesse zum herzoglichen Gespensterbock Avancierten!

Am liebsten hätte Andreas Stecher in diesen Augenblicken dem Wichtl ein lautes „Waidmannsdank!" zugerufen! Keine Frage: Der Kauz, richtiger dessen Ruf, hatte Andreas förmlich vom Sitz gehoben und zum Herzogstein hinuntergehen lassen. Von nun an nahm er es für bare Münze, daß er im Kauz einen Freund gefunden hatte!

„Genau, das ist er, ein herzliches Waidmannsheil!" rief lachend der Wirt in der Waldschenke, als er den Rehbock erblickte. Das kleine Männchen wiegte vor Freude rhythmisch seinen Körper, als wäre der Bock ihm zur Beute geworden.

Schwirrende Mücken ließen es nicht zu, daß die beiden, Jäger und Gastronom, unter dem Sternenhimmel eine Flasche Portugieser leerten. Sie versanken in der Gaststube in endlose Dialoge über Wald, Jagd, Geister und Dämonen.

Nach den glücklichen Tagen im Revier, in dessen Herzen der sagenumwobene Herzogstein thront, wollte dieses Andreas Stecher nicht loslassen. Zum Heulen! Und das, obwohl schon wieder Pannonien rief und ein naher Auwald lockte.

* * *

„Warum müssen all diese Jagdeinladungen ausgerechnet im Jahr des fünfzigsten Wiegenfestes konsumiert werden?" fragte sich Andreas kopfschüttelnd immer wieder. Ein Wahnsinn, niemand wollte von einer Prolongation hören!

Es war zwar ohnehin immer die Jagd auf den roten Bock, die den Jäger zu einem unruhigen Geist werden ließ! Und dabei ging es ihm bei seinen erbeuteten Trophäen – allesamt nicht für Goldmedaillen gewachsen – nie um Gewicht, Länge, Stärke und Endenzahl; ihm ging es jahraus, jahrein um reiches, tiefempfundenes Erleben, um Stimmung, um Naturverbundenheit. Dazu gehörten Sonnenglut und Winterstarre, Totenstille und Gewitterdonner, Regenfahnen und Flockenreigen, Schwarzbrot und Bauerngeselchtes. Kargheit und ein Humpen Roter lagen ihm näher als Luxus und ein Kelch Champagner …

Nach einigen zusätzlichen Nachtschichten am Klapperkasten fuhr Andreas Stecher ins pannonische Land, wo Werner schon mit der Rute wartete!

Mit geändertem Dichterwort: „Spät kommst du, doch du kommst“, begrüßte Werner lachend seinen Freund und fügte gleich hinzu: „Der Brunftreigen ist wahrscheinlich so gut wie vorbei, viel sah man heuer nicht von ihm, die Rehe trieben vermutlich in den hellen Mondnächten.“

„Du weißt doch, mir geht es in erster Linie um den Landstrich, der mich magisch anzieht, und wenn die Götter wollen, schieß ich einen Rehbock, wenn auch die Brunft bereits vorbei ist“, erwiderte Andreas und ergötzte sich am kühlen Willkommenstrunk. Das tat richtig wohl nach der langwierigen Fahrt durch die Gluthitze des Hochsommers.

Andreas konnte jedoch die Bequemlichkeit der Rast nicht allzulang in Anspruch nehmen. Sein Pirschführer wartete bereits am Eingang des Reviers im Seewinkel.

„Was ist Ihnen lieber, Pirschfahrt oder Ansitz?“ Andreas Stecher entschied sich leichten Herzens für den Ansitz vor einem riesigen Schilfwald, der liebevoll eine große Lacke umfangen hielt. In dem arg verfilzten Rohrdschungel steckte angeblich ein alter, griesgrämiger Rehbock.

„Einmal tritt er da herüben aus, dann wieder jenseits des Wassers, manchmal sehen wir den Alten monatelang überhaupt nicht. Auch während der abgelaufenen Brunft glich der Alte bis zur Stunde einem U-Boot“ meinte der Pirschführer freundlich, bevor er sich mit dem Jagdwagen – im wahrsten Sinne des Wortes – aus dem Staub machte.

Wer kennt nicht die „bocklosen“ Reviere nach dem ermüdenden Brunftreigen?!

Bedächtig bezog Andreas den Hochsitz, eine offene, schlimm verkalkte Vogelwarte, vor der sich die unendliche Weite des Seewinkels breitete. Unwidersprochen, das Burgenland ist so flach, daß man am Morgen schon sehen kann, wer am Abend zu Besuch kommt!

Ruhige, ungestörte Abendstunde, die lediglich die feindseligen Gelsen sabotierten, doch diesem schwirrenden Geschmeiß ist der Jäger hier auf Gedeih und Verderb ausgeliefert.

Es soll schlimmere Dinge geben ...!

Andreas Gedanken gingen auf Reise, und es konnte gar nicht anders sein, als an jenes Mißgeschick zu denken, das sich vor einigen Jahren dort drüben in der Feldregion zugetragen hatte. Im Beisein seines Pirschführers

K.P. Reif

K-P. Reif

von heute schoß Andreas damals auf einen Rehbock, der, bereit zum Einziehen, vor einem hochgewachsenen Roggenfeld stand. Schußlicht, Entfernung waren ausreichend und angemessen, es fiel allerdings leichter Regen, und ein steifer Wind pfiff über die Ebene. Die Abgabe des Schusses lag natürlich ganz im Sinne des Pirschbegleiters, der unmittelbar nach dem Knall das Glas absetzte und schmunzelnd meinte: „Herr Stecher, den Bock haben Sie glatt gefehlt, rechts vorbeigeschossen."

Das tat weh!

Die Stimme des Jägers hatte eine derartige Überzeugungskraft und Sicherheit, daß Andreas alsbald ein mulmiges Gefühl überkam. Und das, obwohl er meinte, gut abgekommen zu sein und auch noch launig sagte: „Lieber Josef, du weißt doch, bei mir ist ein Fehlschuß so rar wie im Lotto ein Sechser."

Lachen auf der anderen Seite, doch es nützte nichts, der Jäger schwor beim Bart des Propheten, die Kugel sei, könnte sein vom Sturm vertrieben, rechts am Bock vorbeigegangen. Es gab übrigens auch keinerlei Schußzeichen, bevor der Rehbock in den hohen Roggen tauchte.

Noch einer war an jenem Tag dabei. Ein Hundeführer. Ein Mensch voller Gegensätze, sensibel, leicht verletzbar, zärtlich und im Handumdrehen grob wie ein Landsknecht. Auch er hatte während der Abgabe des Schusses das Glas am Auge. Sein Kurzkommentar: „Gefehlt!"

Wie das nur möglich sein konnte, das mochten allein die Götter wissen!

Nolens volens mußte sich Andreas Stecher schließlich schweren Herzens der Meinung des in Ehren grau gewordenen Grünrocks beugen. Josef war bisher mit all den großen Themen seiner beruflichen Arbeit gut zurecht gekommen. Darüber hinaus trug er ein schlichtes Jägerkleid, zeigte bescheidenes Auftreten und hatte stets ein freundliches Lächeln auf den Lippen. Für jedermann nicht nur ein angenehmer, sondern auch ein anerkannter, untadeliger Pirschführer.

Anderentags – die ganze Nacht hindurch hatte es geregnet – fand Josef am Anschuß nur drei von der Kugel aus Stechers Büchse abgeschossene Halme. Vom Fehlschuß geradezu besessen und felsenfest überzeugt, verzichtete der Jäger nun endgültig auf eine umfassende Nachsuche, die Andreas einige Male vor seiner Abreise vorgeschlagen hatte. Der Bock sollte nach Ansicht Josefs nicht ein zweites Mal vergrämt und aus dem sicheren Einstand in ein nahes Schilfmeer des Nachbarreviers gejagt werden.

Das Unheil blieb nicht aus!

Nach Tagen Telefongeklingel. Mit dumpfer Grabesstimme und alle Schuld auf sich nehmend berichtete der am Boden zerstörte Revierjäger, daß er den Bock zwanzig Gänge vom Anschuß entfernt im Roggen gefunden habe. Josef mußte dabei nur seinen Riechkolben in den Wind stellen, um zu dem mit guter Kugel gestreckten Reh zu gelangen. Obwohl Andreas Stecher im Grunde seiner Seele mit dieser telefonischen Benachrichtigung irgendwie gerechnet hatte, fiel es ihm plötzlich schwer, diese Hiobsbotschaft zu verkraften.

Sonderbar!

Allein, weil Andreas der Jäger leid tat, wollte er aus diesem Fall kein Endlosthema machen, zog jedoch daraus die Lehre, sich in derartigen Zweifelsfällen nie mehr widerspruchslos der Meinung eines Pirschführers zu unterwerfen. Anscheinend mußte Stecher erst einmal ein halbes Jahrhundert auf den Buckel bekommen, um mit so einem argen Problem konfrontiert zu werden …

Mit einem leisen Seufzer wandte sich Andreas Stecher schöneren Dingen zu. Dem umliegenden Landstrich zum Beispiel. Die Schönheit des Seewinkels, der in allen Dingen die Nähe des Steppensees erahnen läßt, muß jeden Grünrock, dessen Auge neben dem Pirschsteig auch Kostbarkeiten aus Fauna und Flora erkennt, erfreuen. Pannonische Vegetation, seltene Tierarten – vor allem aus der Vogelwelt –, die nur in dieser Region ihren Lebensraum finden, sind allgegenwärtig.

Vor Millionen von Jahren überflutete diesen Landstrich ein Meer, aus dem die Kuppen des Leithagebirges nur als kleine Insel herausragten. Der nahe Steinbruch von St. Margarethen legt mit seinen marinen Versteinerungen ein deutliches Zeugnis dafür ab. Aus diesem Steinbruch holte man Material für viele bekannte Wiener Prachtbauten, wie etwa Oper, Stephansdom, Votivkirche, Rathaus, Justizpalast und andere.

Aus der geschichtlichen Gedankentiefe schreckte Andreas Stecher ein rauschendes Geräusch, mit dem er an jenem Abend fürwahr nicht gerechnet hatte. Zwei Rehe preschten hochflüchtig durch die dem Schilfmeer vorgelagerte, von der Sonne verbrannte saure Wiese und kamen erst eine Schrotschußweite vor dem Hochsitz zur Ruhe. Da standen sie nun und präsentierten sich dem Schauenden wie Zielscheiben.

Wenige Herzschläge später glaubte Andreas, den von Josef so vage beschriebenen Bock zu erkennen. War er es wirklich? Gewiß, das mußte er sein, denn so viele rotbefrackte Methusalems steckten ganz sicher nicht in diesem ewig rauschenden Rohrwald.

Ins Auge stachen die lange „Eselsfigur", ein griesgrämiges, bebrilltes Gesicht wie auch das deutlich sichtbare männliche Attribut; den dicken Träger mochte ihm die Zeit genommen haben. Bände sprach auch die zurückgesetzte Krone mit ihren kaum lauscherhohen, bis zu den nur noch angedeuteten Vordersprossen gut geperlten Stangen.

Bewegungsloses, leises Entsichern der Büchse. Die Spannung stieg, und Andreas wartete auf die Möglichkeit, das Feuerrohr klammheimlich über die Brüstung schieben zu können, denn die Geiß warf schon auf, windete in Richtung Hochsitz und machte merklich nervöse Anstalten, abzugehen wie gekommen. Keine Frage, daß sich der Alte abermals an ihre Schalen heften würde. Es blieben ihm jedoch nur noch ein paar rasende, verkrampfte Fluchten, dann lag er bewegungslos im sauren Grasland.

Ein Graureiher erhob sich aus der Lacke und verkündete mit kehligem, weit über die Ebene schallendem Ruf den Heimgang des Alten.

Andreas Stecher fühlte in jenem Augenblick sehr deutlich, für diesen Kämpen wäre eine Kugel auf weitere Distanz würdiger gewesen.

Nun, bis Josef, der Schuß und Kugelschlag vernommen hatte, mit dem Jagdwagen kam, musizierten die gierigen Blutsauger auf Teufel komm raus! Sie konnten den reichbeschenkten Grünrock jetzt erst recht nichts anhaben.

Beim Anblick des Bockes, dessen Lichter schon opalisierend leuchteten, ging die Sonne im Gesicht des Revierjägers auf: „Waidmannsheil, na so was, jetzt schießen Sie auf Anhieb den Alten, den wir nur alle heiligen Zeiten sehen!" Worte, die im Ohr eines passionierten Waidmanns und Musikliebhabers wie Opernarien klingen!

Der fast volle Mond befand sich längst auf seiner Bahn, als der Jagdwagen langsam durch den Heideboden heimwärts rollte. Da und dort wuchteten Ziehbrunnen wie riesige Spinnenarme aus der weltentrückten Düsterkeit der ruhenden Ebene. Berauschende Düfte der warmen Sommernacht strömten durchs Fenster in die alte Benzindroschke.

Glücklich der Jäger, der dem ewigen Lauf der Jahreszeiten all die Schonheiten abgewinnt, dessen Seele diese Stimmungsbilder und Signale empfängt.

Wer weiß, wie lange die Angehörigen der Grünen Gilde noch aus dem vollen schöpfen können …? Die Anfänge der Jagd kennt man zur Not, ihr Ende liegt im Dunkel einer nebulosen Zukunft.

* * *

Nun wagte Andreas Stecher auch den Trip in den Auwald, trotz des Wissens, welche Tortur ihn dort erwartete. Ein riesiges Heer von Gelsen saß lauernd in dem undurchdringlichen Dschungel und wartete geduldig auf frisches Blut.

Eines ihrer Opfer sollte Andreas werden!

So kam es auch. Kaum hatte sich die grüne Mauer hinter dem Jäger geschlossen, fielen die gierigen Blutsauger über ihn her. Weit ärger als in der Ebene des Seewinkels; und das sollte etwas heißen!

Daher versuchte Andreas Stecher, so schnell ihn seine Füße trugen, den Hochsitz zu erreichen. Einige Meter über dem Boden ließ die Gelsenplage spürbar nach. Ein leiser Luftzug hielt in höheren Regionen die Quälgeister einigermaßen in Schach.

Alles wie gehabt!

Hier im tiefen Auwald – im Gegensatz zu dem von der Sonne verbrannten Seewinkel – schien die Vegetation alle Maßstäbe zu sprengen. Wild konnte man daher nur auf dem zum Hochsitz führenden Weg in Anblick bekommen.

Vorsichtig, mit sparsamen Bewegungen, wehrte Andreas die wenigen, jedoch feindseligen Gelsen ab, die ihn trotz des luftigen Auslugs fanden und ständig belästigten.

Der Grünrock im Bergland weiß nichts von diesem Martyrium, das der Jäger in der Ebene, vor allem im Auwald, auszustehen hat. Und dennoch ist das Tiefland ein Kleinod der Schöpfung.

Im besonderen die trostlos wirkende, scheinbar alles auf den ersten Blick preisgebende Weite des nahen Seewinkels steckt voll gut verborgener Kostbarkeiten. Fauna und Flora hier zu erforschen, stellt ein nicht enden wollendes Amüsement dar, das ungeahnte Überraschungen in sich birgt.

Ähnlich hier!

Der Auwald, ein mächtiger Baldachin von Baumkronen, unter dem Leben und Tod im trüben Zwielicht einander sehr nahe sind. An manchen Stellen undurchdringliches Gewirr von abgestorbenem Unterholz, aus dem neues Leben sprießt. Überall Kletterpflanzen, deren Sinn nach Licht steht, Lianen, die ein wenig an urwaldähnliche Bilder erinnern. Ein üppiges Stück Umwelt ungewöhnlich vielfältigen pflanzlichen und tierischen Lebens, woran der Mensch noch nicht gerührt hat.

Allmählich wurde Andreas Stecher der Auwald zu düster, und die Lästigkeit der Mückenschwärme überstieg das Tragbare. Der Jäger baumte ab, machte sich auf den Weg und erreichte nach einigen Hundert Metern abermals einen Hochsitz, der den Blick auf eine nahe Feldregion freigab. Hier fächelte auch ein stärkeres Lüftchen, und von den Blutsaugern gab es im Augenblick verschwindend wenige, was besonders Rita zu schätzen wußte.

Jäger und Hund atmeten hörbar auf!

Der erste Blick hinaus auf die Flur konnte Andreas nicht sehr ermutigen. Unübersehbare Kukuruzbreiten, dazwischen ein noch nicht gestürztes Stoppelfeld, und dahinter leuchteten aus einem Akazienwäldchen die roten Ziegeldächer des Gutshofes.

Ein Blick durch ein riesiges Fenster, das geschickte Hände in die mächtige Krone der Eiche geschnitten hatten.

Langsam kam der Abend. Auch der leise Windhauch ging zur Ruhe, und die Gelsen sirrten mit der Dämmerung heran. Trotz Hochsitz und Fenster ins Freie. Selbst viele Rehe flüchten vor dieser Landplage und ziehen in die Feldregion, wo ständig leise Winde die trinkfreudigen Blutsauger vertreiben. Fast alle Muttergeißen stehen bald nach dem Setzen mit ihrem Nachwuchs im Feld. Äsen und süßes Nichtstun wechseln einander ab. Die meisten Böcke folgen erst dann den Geißen, wenn deren verführerische Düfte lockend in die Auwälder strömen.

Andreas Stecher dachte ebenfalls schon an Flucht, da rief plötzlich ein Kauz, und schon standen zwei Rehe – wieder einmal wie aus dem Zylinder gezaubert – auf dem Stoppelfeld, das zwischen dem Maisdschungel bis zum Gutshof reichte.

„Du liebes Käuzchen, was hast du mir da wieder angekündigt?“ fragte sich Andreas völlig perplex. Bock und Geiß, das sah man mit freiem Auge. Doch was hatte der Freier zwischen seinen Lauschern …? Das Spektiv zeigte nach und nach einen Wirrwarr kleiner Stangen – ein „kapitaler Knöpfler“. Eine späte Hochzeit, die auch dem Jüngling eine Chance einräumte.

„Den oder keinen", murmelte Andreas und griff nach der Büchse. Trotz der satten Entfernung, die ganz sicher bei zweihundert langgestreckten Männerschritten lag, wollte der Jäger den Schuß aus dem Fenster wagen. Doch noch bevor das Fadenkreuz annähernd im Leben des Bockes stand, begannen die Rehe ihren Brunftreigen.

Sie verschwanden im Mais, kamen wieder aufs Stoppelfeld heraus, querten dieses einige Male und entfernten sich dabei mehr und mehr. Lange währte der Tanz, dann bettete sich das müde Hochzeitspaar in der Nähe des Gutshofes im Halmengewirr ein. Bock und Geiß verharrten dort, bis die Nacht auf die Erde sank. Es schien, die beiden verspürten keine Lust mehr, der Arterhaltungspflicht nachzukommen, Leben auf der Welt zu bewahren und zu vermehren!

Aus der Traum. Andreas Stecher machte sich auf den Heimweg.

Der kommende Morgen sollte ihn am Rande des Gutshofes sehen, wo er von einer leeren Tschardake aus nach dem roten Hochzeitspaar Ausschau halten wollte.

Den Verwalter des Hofes, mit dem Andreas eine langjährige Freundschaft verband, setzte er von seinem Vorhaben in Kenntnis. Glück muß man haben! Besagtes Stoppelfeld sollte am folgenden Morgen den Pflugscharen zum Opfer fallen.

„Dann warten wir eben, bis dein ‚Kapitalbock' auf der Decke liegt", meinte der nette Verwalter bei einem vorzüglichen Blaufränkischen.

Mit diesen entgegenkommenden, freundlichen Worten im Ohr, warf sich Andreas wenig später in Morpheus Arme.

Apropos Tschardake! Klingt das nicht wie Tschardasch, Tschikosch, Paprikasch, wenn man will auch Piroschka? Ungarn liegt nahe! Sprache, Seele und Geschichte zweier Völker berühren, verflechten sich in diesem Landstrich. Tschardaken sind große, luftdurchlässige, aus Latten gefertigte Holzbehälter, die zur Lagerung der Kukuruzkolben dienen.

Leise und vorsichtig stieg Andreas Stecher in eine leer Tschardake, die recht günstig zwischen einigen Akazienbäumen stand und den Blick auf das für den Jäger so interessante Stoppelfeld freigab.

Noch brütete die Nacht über der Erde, doch es konnte nicht mehr lange bis zum Anbruch des neuen Tages dauern. Vieles, was die menschliche Seele bewegt, schwingt bei diesem immer wiederkehrenden Naturschauspiel mit. Eine tägliche Neugeburt des menschlichen Lebens, das ohne Sonne nicht existieren kann. Augenblicke, die der Waidmann – im Gegensatz zu vielen anderen Menschen – unzählige Male in seinem Leben genießt und oft auch recht sehnsüchtig erwartet.

Das Licht kam schnell, doch, so weit das Auge reichte, kein roter Fleck im honiggelben Stoppelfeld. Enttäuschung wollte Andreas Stecher umgarnen.

Später, als der Jäger mit seinem Hund schon aus dem Holzkäfig zu steigen beabsichtigte – längst herrschte reges Leben auf dem Gutshof –, sah er Bock und Geiß für wenige Augenblicke am Ende des Feldes, unmittelbar vor dem großen „Eichenfenster".

Alle Selbstvorwürfe nützten nichts, bereiteten nur sinnlosen Ärger. „Am Abend versuche ich es noch einmal, und abermals von dieser Tschardake aus", ließ sich's Andreas durch den Kopf gehen und marschierte Richtung Gutshof. Der Verwalter ermutigte den etwas zerknirschten Grünrock zu einem dritten Anlauf und lud ihn nach einer gemütlich verplauschten Frühstücksstunde zu einem Ritt über die Felder ein.

Ein herrliches Gefühl, im Galopp den Rest der Morgenkühle zu spüren. Im Gesicht und unter dem sich blähenden Hemd lief sie prickelnd über die Haut. Rita stürmte freudig mit fliegendem Behang hinter den Reitern her und hatte sie bald eingeholt, als die Pferde wieder im gemütlichen Schritt durch die Felder gingen; da und dort zupften Stute und Wallach mit flinkem Maul einen saftigen Bissen.

Schön, ein Jagdrevier vom Rücken eines Pferdes aus zu sehen und über die unendliche Weite zu schauen. Andreas Stecher liebte den Ritt durchs Revier. Auch im gemäßigten Bergland machte es ihm Spaß, sich dann und wann der Kraft eines Pferdes anzuvertrauen und auf die vielgepriesenen Pferdestärken eines stinkenden Jagdwagens zu verzichten.

Zurück zur Natur – welch herrliche Parole!

Am Ufer einer Lacke, an der ihr Weg vorbeiführte, stand eine graue Eminenz. Als sie näher kamen, hob sich der Reiher in die Luft. Mit mächtigen Schlägen seiner kompakten, dunklen, weit nach unten gebogenen Schwingen machte sich der Fischdieb davon. So beeindruckend groß er im Flug aussieht, so leicht ist der Graureiher zu übersehen, wenn er zu einer Skulptur erstarrt am Schilfrand steht und auf Beute lauert.

Später ritten sie noch durch sauber gepflegte Weinkulturen, die zum Gut gehörten. Weingärten sind in diesem Landstrich verhältnismäßig neue

Pflanzungen, doch die Güte des Rebensaftes, der hier gekeltert wird, ist längst in aller Welt bekannt.

Bevor sie den Gutshof erreichten, ließen die Reiter noch einmal die Hufe ihrer Pferde fliegen, und Andreas hoffte insgeheim, irgendwo seinen „Edelknöpfler“ zu erspähen. Vergeblich, kein blasser Schimmer von einem Reh; die Rotfracke saßen längst in der schattigen Deckung der unendlichen Maisfelder.

Dann eben am Abend!

Rita umsprang, kein bißchen müde, übermütig die Pferde und signalisierte damit ihre Freude über die genossene Abwechslung in ihrem eintönigen Hundeleben. „Das könnte öfter geschehen“, ließ sich aus ihren schönen braunen Augen lesen.

Andreas Stecher nützte die freie Zeit bis zum Abend für eine Pirsch mit der Kamera. Leithaauen und Seewinkel lockten. In den vergangenen Jahren hatte er schon von diesem Landstrich Dia um Dia einer ständig wachsenden Sammlung zugeführt. Der Waidmann liebte die Jagd mit dem Fotoapparat, die in vielen Fällen schwieriger, ja sogar spannender sein konnte als jene mit Büchse und Flinte.

Dabei interessierte Andreas in erster Linie alles Wild, und hier im besonderen Trappen, Gänse, Enten und Sauen; also Tiere, die sich schwer überlisten ließen. Doch auch Fotojagd auf kleines Getier faszinierte ihn, und so finden sich heute Schnappschüsse vom Hamster bis zur Bisamratte und vom Hirschkäfer bis zur Gottesanbeterin in seiner umfangreichen Bildersammlung.

Der Arbeitslärm am Hof gehörte zum größten Teil der Vergangenheit an, als Andreas Stecher mit seiner Hündin abermals den „Tschardakenansitz“ bezog. Die umstehenden Kugelrobinien – hier Akazien genannt – ließen hitzegeplagt ihre Köpfe hängen.

Andreas hatte jedoch anderes im Sinn. Sein ganzer Denkprozeß galt dem roten Hochzeitspaar, und nichts sollte ihn davon ablenken. „Hoffentlich ist an der Altgeiß noch eine Prise verführerischen Duftes und der Bock mit dem interessanten Kopfschmuck noch an ihrer Seite“, wünschte sich der Jäger sehnlichst und ließ dabei das Stoppelfeld nicht aus den Augen.

Mit zunehmender Dämmerung mehrte sich die gewohnte Mückenplage, und in gleicher Weise sank Stechers Hoffnung auf ein erfolgreiches Finale der Bockjagd.

Die hohe Zeit der Rehe war hier zweifellos passé. Nur die jungen Böcke, die in den vergangenen Wochen nicht zum Zuge kamen, wollten die müden Geißen noch ein wenig becircen … du lieber Himmel, die beiden Rehe! Das Herz des Jägers jubelte und er sah seine Vermutung in jeder Hinsicht bestätigt. Kein richtiges Treiben mehr; der sichtlich unwilligen Geiß folgte ein eher ratloser Bock. Pure Instinkthandlungen, weiter nichts.

Schon tauchte die unlustige Geiß wieder in den Maisdschungel, und ihren wankelmütigen Freier konnte gerade noch ein Pfiff stoppen, dann warf ihn die Kugel in die langen, krachdürren Stoppeln.

Drüben im nahen Auwald lachte nach dem Knall ein „Totenvogel", wie etwa die Leute im Gutshof sagen mochten. Doch für Andreas Stecher war's ein lustiger Gesell, der dort rief und seinem Jagdglück nachging. Nie und nimmer würde er dem kleinen Nachtgreif „etwas Böses" anhängen.

Nach geraumer Zeit stand Andreas bei dem Abschußbock, dessen Haupt ein kaum fünf Zentimeter hohes, endenreiches Krönlein zierte.

Welch eine Laune der Natur!

Ein „adeliger Knöpfler", wie man ihn nur einmal im Leben vor der Büchse hat. Rita geriet natürlich wieder völlig aus dem Häuschen und zeigte ihre Freude und Begeisterung temperamentvoll dem Herrchen.

Während der roten Arbeit zog eine stattliche Schar Graugänse über Jäger und Hund hinweg. Der metallene Ruf der Langhälse weckte in Andreas Stecher unwillkürlich Gedanken an Nebelgebräu, Winterstürme und Wildgansjagd!

Am Weg zum Gutshof fühlte der Jäger sehr deutlich, dieser erfolgreich abgeschlossene Jagdtag kam einem würdigen Epilog der diesjährigen Rehbrunft gleich, wie auch die Stoppelfelder einen winzigen Fingerzeig für den bevorstehenden Wandel der Jahreszeiten abgaben.

* * *

Der Abschied von Pannonien fiel Andreas Stecher nie leicht. Doch das heimliche Wissen um eine sichere Rückkehr wurde ihm im Laufe der Zeit zu einer stillen, glücklichen Reserve.

In diesem Jahr – wie in vielen vorangegangenen – standen für Stecher Übungen seiner Milizeinheit auf dem Programm. Diese Manöver bedeuteten in zweifacher Hinsicht Anstrengung. Neben dem dienstlichen Engagement gab es eine Menge gesellschaftlicher Verpflichtungen im

Familienkreis befreundeter Offiziere. Eine Wiedersehensfeier jagte die andere, und so verhielt es sich dann auch, als es Abschied nehmen hieß!

Mit einem Wort: Manövertage – schwere Tage!

Das Schönste daran? Am Ende der Staatsbürgerpflichten winkte immer ein Bergrevier! Als Jäger der Ebene fühlte sich Andreas Stecher von den Gegensätzen stark angezogen und genoß die Tage in den Bergen.

Nachdem der Offizier den grauen mit dem grünen Rock getauscht und die militärischen Utensilien im gähnenden Kofferraum verstaut hatte, ging es ab ins Revier, wo eine urgemütliche Jagdhütte auf den müden Vaterlandsverteidiger wartete. Sein Freund, Jagdherr und Pirschführer, Karl P., wollte erst am nächsten Morgen zur Hütte kommen.

Nachdem Andreas Stecher seinen Wagen bei einem Bergbauern gut untergebracht wußte, konnte das Abenteuer Bergjagd beginnen.

Rhythmisch setzte der vollbepackte Grünrock die ersten Schritte in den steilen Hang. Da heroben hatte es in der vergangenen Nacht geschneit, also Vorsicht! Unfreiwillige Rutschpartien, so mutterseelenallein in der Abgeschiedenheit der Berge, sind nicht ungefährlich. Der schmale Pfad wand sich in engen Serpentinen um Bäume, um Felsblöcke und zwang den „müden Krieger" immer wieder zu kurzen, keuchenden Rasten.

Endlich lichtete sich das Holz, und der nackte, schneebedeckte Bergstock lag prahlend vor Andreas.

Welch ein Anblick!

Nach einem letzten steilen Aufstieg und kurzem Querweg stand endlich die Jagdhütte vor dem Jäger aus dem Tiefland. In voller Größe und Schönheit präsentierte sich das Holzhaus und lud zur Einkehr ein. Selbst die letzten Meter zogen sich noch wie ein Strudelteig, doch dann ließ Andreas den prallvollen Rucksack aufatmend auf die überdachte Hüttenbank fallen.

Geschafft! Was für eine Wohltat, was für ein herrliches, befreiendes Gefühl ...! Die Hütte thronte oberhalb der Baumgrenze auf einem nicht allzu großen Plateau, das einmaligen Rundblick gewährte.

Doch was gab es da unten am verbuschten Waldrand für einen höllischen Spektakel? Krähen beschimpften und bedrohten einen Mäusebussard, um ihn aus ihrem Revier zu verjagen. Es gelang. Der Greif resignierte und segelte würdevoll, die Krakeeler keines Blickes würdigend, zum Hochanger hinüber ...

Andreas spürte die Frische, die sich jetzt schnell seines verschwitzten

Körpers bemächtigte. Bevor die Hüttentür knarrend aufging, dachte er an die Kreuzotter, die im Sommer des vergangenen Jahres hier auf der Steinplatte lag. Sie ließ sich genüßlich sonnen und träumte wohl den jahrtausendealten Traum ihres Geschlechtes.

Aus der geräumigen Hütte schlug dem Jäger ein Eishauch entgegen. Wie schön, daß wohlriechende, krachdürre Kienspäne auf die Lunte warteten.

Der Urjäger, der das Feuer für heilig hielt, brauchte es wie Wasser und Brot zum Leben. Der Mensch von heute hat die Wichtigkeit der Flammen längst vergessen, da in seinen Taschen Zünder oder Feuerzeuge stecken.

Doch, o Schreck, in Andreas' Taschen fand sich weder das eine noch das andere, mit dem er das Papier im Ofen hätte in Brand stecken können. Eine schöne Bescherung! Was machen, wenn ...? Nach langem Suchen fand der Jäger unter Papierkram eine Streichholzschachtel mit zwei Streichhölzern. Was für ein Reichtum in einer eiskalten Jagdhütte, die eintausendfünfhundert Meter über dem Meeresspiegel liegt!

Rasch krachte und polterte ein wildes Feuer im Ofen, und das Holzhaus erfüllte im Nu wohlige Wärme.

Der Abend kam mit Riesenschritten, es blieb keine Zeit für eine kurze Pirsch in Hüttennähe. Andreas fügte sich nicht ungern der Jahreszeit, der beschwerliche Aufstieg und die Strapazen der Manöverwoche schlugen zu Buche!

Der Jäger liebt die Stunde, in der sich Dunkelheit im Raum breitmacht, aus kleinen Öffnungen der Feuerstelle helle Flämmchen leuchten und gespenstig über Wände und Decke zucken.

Hüttenzauber!

Andreas Stecher zündete Kerzen an, holte das dicke Jagdbuch aus der Lade des wurmstichigen Tisches, blätterte und las darin. Doch schläfrige Müdigkeit ließ ihn über dem Handgeschriebenen in Morpheus Arme sinken, aus denen er sich erst nach geraumer Zeit befreien konnte. Die Glut im Ofen reichte gerade noch, um damit ein neues Feuer zu entfachen.

Nach einem bescheidenen Abendbrot gab er sich beim lustigen Treiben des hüpfenden Feuerscheins und unter Zuhilfenahme des Jagdbuches ganz den Erinnerungen hin. Ein Glas Blaufränkischer diente ihm dabei als treuer, stimulierender Weggefährte.

Vor zwei Jahren saß Andreas ebenso mutterseelenallein an diesem uralten Tisch bei einem Glas Wein. Karl holte Helfer aus dem Tal, um den „Manöverhirsch“ aus dem unwegsamen Lawinengraben, in den er nach einer nicht enden wollenden Todesfahrt gerutscht war, zu bringen.

Erquicklicher Herbstregen hatte das Terrain der Alm damals teuflisch seifig gemacht. Nur mühevoll konnten Karl und Andreas den Steilhang ohne ungebremste Abfahrt überwinden. Die beiden Grünröcke wollten eigentlich zu einem nahen Bodensitz, der auf einen tiefer gelegenen, alteingesessenen Brunftplatz gute Sicht gewährte.

Doch dazu sollte es nicht kommen. Plötzlich zogen nämlich Tier und Hirsch durch die steile Leite, und die Atmosphäre im Nahbereich der Freunde lud sich schlagartig mit Hochspannung auf!

„Schnell, der alte Eissproßzehner“, zischte Karl mit nervösem Gekrächze.

„Schnell ist gut“, murmelte Andreas kurzatmig und schätzte auf wackeligen Beinen die Entfernung zum Hirsch. Von dreihundert Metern fehlte da ganz sicher nicht viel. Doch rasch lagen Rucksack, Wetterfleck und Büchse auf einem Felsblock, und der vom Hirschfieber gebeutelte Waidmann kauerte dahinter.

„Schieß, den Hirsch sehen wir nie wieder“, vernahm Andreas abermals die mahnende Stimme, die augenblicklich in einen vor Aufregung grauslich klingenden pubertären Brunftschrei – der später noch lange Grund zur Heiterkeit gab – überging.

Dennoch, starres Verhoffen, Knall … untrügliche Zeichen!

„Waidmannsheil!“ hörte Andreas wie in Trance, und danach beschwörend: „Bleib liegen, ich bitt’ dich, bleib liegen.“ Doch der Hirsch tat Karl den Gefallen nicht. Einmal in Fahrt, rutschte er immer tiefer und kam erst in einer Geröllhalde zur Ruhe …

Was mag der morgige Jagdtag wohl bringen? Andreas Stecher gab sich ganz der herrschenden Stimmung hin.

Das warme Licht einer Kerze erstaunt und erfreut Andreas immer wieder im gleichen Maße. In ihrem Schein wird alles Nahe vertraut, alles Ferne bleibt im unwirklichen Dämmerschatten, und ihr sakraler Duft gleicht dem Atem eines Domes. Bewegt ein Lufthauch das Flämmchen, reagiert es mit erschrockenem Flackern und wirft zuckend Silhouetten an die Hüttenwände. Dem Einsamen wird die brennende Kerze zum Freund, der sich für ihn bis zum letzten Züngeln verzehrt.

Hüttenzauber! In der Abgeschiedenheit eines Berges noch tiefer empfunden als irgendwo im Tal, eingebunden in der von der Menschheit verursachten Geräuschkulisse.

Die Liebe zur Jagd brannte in Andreas Stechers Herzen ein Leben lang. Geriet einmal seine „Leib-Seele-Einheit“ aus dem Gleichgewicht, suchte er sie in der Einsamkeit und Abgeschiedenheit von Pirschsteig oder Jagdhütte wiederzufinden.

Andreas nahm abermals das hütteneigene Jagdbuch – über dem er sich vorhin im Schlaf versäumte – zur Hand und ergötzte sich an so manchen Eintragungen. Die eine oder andere Zeile konnte er nur schwer entziffern. Nicht jede drahtige Männerfaust führte das Schreibzeug geschmeidig über die weißen Blätter. Andreas las von Hirschen, Gamsböcken, Schneehasen, Großen und Kleinen Hahnen; von Schüssen, die man nicht eruieren konnte. Auch mit Karl und anderen Pirschführern gemeinsam Erlebtes feierte fröhliche Auferstehung.

Selbst die mit Koni erlegte Rehgeiß, während eines Abendansitzes unten bei den Buchen, bekam in diesem Buch einige Zeilen zugewiesen.

Damals beseelte die beiden Jäger der feste Glaube, daß auch die Feisthirsche einmal bei noch brauchbarem Schußlicht ihre Einstände verlassen. Doch nur Goethes Wort: „Es irrt der Mensch, solang er strebt“, traf zu.

Als die Schatten der Buchen länger wurden, und blauviolette Dämmerung um die Einstände des Hochwildes geisterte, zog eine stark abgekommene Rehgeiß müde aus den Latschen in die Halde.

„De miaß ma nitnehma“, meinte Koni tiefsinnig. Keine Frage, die von Feist strotzenden Hirsche konnten warten, doch die vom Durchfall geplagte Geiß mußte erlöst werden.

„Diese Kugel galt wohl einem ausgereiften Feisthirsch“, mochte so mancher Revierinhaber gedacht haben, als das Echo durch die umliegenden Täler rollte.

Bei der Hütte angekommen, meinte Koni damals: „Hob no nia so a grings Goaßl von de Buchan aufatrogn.“ Man wußte von dem urwüchsigen Bergfexen, daß er vor Jahren einmal ein Tier denselben beschwerlichen Weg heraufgetragen hatte.

Lange wandelten Andreas' Gedanken in der Vergangenheit, doch dann versagten zum zweiten Male die müden Augen; die ungewohnte Bergluft mochte – neben allen Strapazen der letzten Tage – das Ihre dazu beigetragen haben. Andreas' Aussichten, den Abend zu verlängern, lagen bei Null, doch das focht ihn nicht an. Mit dem Lachen eines Kauzes im Ohr, sank der Jäger in das Land der Träume.

Längst hatte es Andreas Stecher fertiggebracht, mit dem zweiten und letzten Streichholz Feuer zu machen, als schwere Tritte Karls Ankunft kündeten. Mit den Worten: „Auf geht's, ein herrliches Wetter für eine Tagespirsch haben wir heute“, polterte er in die Hüttenstube.

Als er das aufgeschlagene Jagdbuch auf dem Tisch liegen sah, ging ein Wetterleuchten über sein Gesicht, und er meinte: „Weißt du, daß einige Grünröcke, von denen in diesem Buch die Rede ist, längst den Weg alles Irdischen gegangen sind?“ Im Handumdrehen verloren sich die Freunde in einem Dialog, der längst Vergangenes zum Inhalt hatte. Gemeinsam Erlebtes feierte bei einem Schnäpschen fröhliche Auferstehung, bis Karl ganz energisch meinte: „Jetzt müssen wir aber wirklich gehen. Am ehesten sieht man da heroben Hochwild, wenn es am Vormittag in den löchrigen Latschenfeldern über die Schneid wechselt.“

Frohgelaunt verließen sie die Hütte und machten sich auf einen weiten Weg, der sie erst am Abend wieder zur Hütte zurückführen sollte. Doch, wie schon gesagt, es irrt der …

Ade Sommer, der Winter war da! Das jedoch nur da heroben, unten im Tal badete man sich noch immer in der weichen Sonne des Herbstes. Blauer Himmel wölbte sich über der verschneiten Bergwelt. Die nächtlichen Winde hatten an den weißen Kristallen kaum gerührt. Den Schnee kennzeichnete eine himmlische Jungfräulichkeit, die alle Geräusche schluckte, den Jäger zu einem übernatürlichen Wesen machte. Alle Umstände und Vorzeichen ließen eine herrliche Tagespirsch erwarten.

Unersättliches Jägerherz, was willst du mehr …?

Doch kaum richtig in Schwung, klappte der vor Andreas gehende Karl wie ein Taschenmesser zusammen und deutete seinem Freund, das gleiche zu tun. Andreas konnte den Grund dieses Manövers nicht sehen, folgte jedoch blitzartig der Aufforderung seines bewährten Pirschführers, der nun auf allen vieren einige Meter nach vorn kroch, um über eine scharfe Kante zu luchsen. Nach wenigen Augenblicken flüsterte er: „Da unten zieht ein laufkranker Gamsbock, den müssen wir schießen.“

Andreas vernahm diese Worte fast widerwillig, er mochte es nicht, wenn sich seine jagdlichen Wünsche im Schnellzugstempo erfüllten; noch dazu an so einem wunderbaren Spätherbsttag. Die Spannung beim Ansprechen, unter Einbeziehung aller notwendigen Kriterien, wie Alter, Trophäe, Entfernung usw., sollten ganz einfach vor dem jagdlichen Höhepunkt nicht fehlen. Doch in diesem Fall gab es keinen Widerspruch.

Karl richtete schon die Auflage, und Andreas rutschte auf den Knien wie ein Wallfahrer nach vorn. Gibt's denn das? In bester Kugelschußentfernung zog der Gamsbock mittleren Alters, den rechten Hinterlauf schonend, mühsam durch eine leichte Senke. Bei diesem Anblick verwarf Andreas sofort all seine gedanklichen Einwände und Wünsche ...

Es blieb nur die stille Genugtuung über den gelungenen Hegeschuß, der den sechsjährigen Gamsbock von Leiden und Siechtum befreit hatte.

Kurzum, die nächtlichen Stunden über dem vergilbten Jagdtagebuch gewährten Einblick in weit tiefgreifendere Erlebnisse als diese kurze, erfolgreich abgeschlossene Gamspirsch zu geben vermochte.

Man soll wirklich alle jagdlichen Erlebnisse schriftlich festhalten, um sie für spätere Zeiten zu bewahren. Zu Papier gebrachtes Gedankengut überdauert Zeiten und ist eine todsichere Quelle stiller Freude in einsamen, besinnlichen Stunden. Und das auch für kommende Generationen – so sie daran Interesse finden!

Heute erfüllten sich Andreas' jagdliche Sehnsüchte viel zu schnell. Im Nu langten die Freunde wieder bei der Hütte ein, wo sich noch Glut in der Asche fand. Grund genug, um Speck und Eier in die große gußeiserne Bratpfanne zu geben und eine Flasche Blaufränkischen auf den Tisch zu stellen. Allein der Duft, den das Bratgut verströmte, weckte alle Lebensgeister.

Mit einem Freund zu essen, wenn möglich weitab jeglichen menschlichen Trubels, bedeutete für Andreas Stecher einen Teil des Mosaiks, das er ein Leben lang Jagd zu nennen pflegte. Nach einer kurzen Mittagsruh' gingen sie abermals hinaus in den sonnigen Tag.

Karl wollte hinunter zum Hochsitz am Teufelsgraben, wo sich immer mit jagdlichen Überraschungen rechnen ließ.

Teufelsgraben ...?

Ja, in dieser von Steinen und gefallenen Baumriesen übersäten, düsteren, unbegehbaren Schlucht soll der Höllenfürst mit Hubertus ein feuriges Scharmützel ausgetragen und dabei – wie könnte es anders sein – den kürzeren gezogen haben. Soweit die nie zur Ruhe kommende Legendenbildung.

Der Wahrheit entsprach, daß durch diesen Teufelsgraben – nomen est omen – gerne Hochwild zog. Meist des Nachts, doch manchmal wechselten Hirsche, Tiere und Kälber später, und dann besaß der Jäger eine Chance.

Vor Jahren erlegte Andreas hier, von Karl geführt, einen uralten Sechserhirsch. Der Methusalem zog mit zwei Adjutanten durch die mystische Schlucht. Man hörte sie kommen, und das Hirschfieber hatte genügend Zeit, um sich zu greifen! Als die Hirsche nach dem geräuschvollen Aufstieg den Grabenrand erreichten und ins Blickfeld der auf dem Hochstand sitzenden Jäger traten, sah sich der Veteran zu einer Rast gezwungen, und Andreas konnte ihm eine saubere Kugel aufs Blatt zirkeln. Zum Glück fiel er, wo er stand und rutschte nicht etwa zurück in die satanische Schlucht. Das wäre eine teuflische Bringung geworden!

Heute lag Totenstille über dem Teufelsgraben, der von seinem schattenkühlen Zauber nichts eingebüßt hatte. Manchmal stieg wie aus einer Gruft ein eisiger Hauch aus der Tiefe zum Hochsitz herauf. Andreas wartete die ganze Zeit über auf einen Kauzruf, doch der blieb aus, da noch früh am Tag, und schließlich gab es ja auch nichts zu vermelden!

Nach Rast und Ansitz machten sich die Freunde wieder auf den Weg. Zunächst wollten sie noch bei Tageslicht ins Tal absteigen, doch dann beschlossen sie spontan, bis zum Morgen zu bleiben, um in der Hütte gemeinsam noch ein paar gemütliche Stunden zu verbringen.

Nach dem Abendbrot saßen sie bei einem Glas Wein, tranken auf den gelungenen Hegeabschuß, auf Wiedersehen und Abschied zugleich. Karl griff noch einmal nach dem Jagdtagebuch, blätterte darin und sagte unerwartet: „Den alten Wegsteiner hast du nicht mehr gekannt. Oft weilte er hier bei mir in der Hütte. Sein Gesicht, übersät mit tausend Runzeln, glich dem einer Eule; doch seine Stimme hatte einen gottvollen Klang, egal, ob er sprach oder sang.“

Andreas blickte bei den Worten seines Freundes in das zuckende Kerzenlicht, was Karl nach einer Weile zu der Frage veranlaßte: „Dein Schweigen sucht wohl eine Antwort …?“

„Ja, natürlich, ich dachte eben, im Reich der Tiere – bleiben wir bei der Vogelwelt – ist es nicht anders. Die, die das einfachste, bescheidenste Federkleid tragen, werden von der Schöpfung oft mit den schönsten Stimmen bedacht. Denken wir nur an Lerche und Nachtigall! Und die schillernden

K.-P. Reif

K.P. Reif

Papageien, in ihren wahrhaft farbenprächtigen Gewändern, krächzen schlimmer als Wotansvögel."

„Wie recht du hast", antwortete Karl, und sie griffen zu den mit Blaufränkischem gefüllten Gläsern, die das Licht der Kerzen reflektierten und wie große Rubine funkelten!

„Was für eine Gaumenfreude, wenn der Wein – vor seiner Abfüllung in Flaschen – vom Holz geküßt wird", sagte der Jagdherr, und sie nippten erneut genießerisch von dem vollmundigen Roten.

„Um noch einmal auf das in Federn gekleidete Getier zurückzukommen", meinte Andreas und setzte fort: „Alles, was wir aus der Welt der Vögel wissen, ist ja nur ein Bruchteil dessen, was noch unerforscht im Dunkel liegt. Viele aussterbende Tierarten nehmen die Geheimnisse um ihr Leben mit in den Tod. Obendrein irrt der Mensch, solang er strebt! Beim Anblick der Regenpfeifer, die hurtig am Ufer einer Lacke im Seewinkel hin und her liefen, fiel mir letzthin ein Nonsens der Volksweisheit ein. Sie will uns weismachen, daß gute Flieger schlechte Läufer sein müssen, und umgekehrt. Diesen alten Ausspruch führen die Regenpfeifer ad absurdum, denn diese Vögel sind sowohl gewandte Läufer als auch ausdauernde Flieger."

Auf Umwegen über Lerche, Nachtigall und Regenpfeifer kamen sie wieder zum Eulenkopf des begnadeten Sängers zurück. Und da war es dann im Laufe ihres nächtlichen Gespräches nicht mehr weit zu dem exaltierten Steinkauz, der Andreas im vergangenen Jahr doch einiges Kopfzerbrechen bereitete.

„Ja, ich fühlte mich damals, nach dem gespenstigen Morgen, einige Zeit an Alptraum, Nachtmahr, Dracular und an was weiß ich noch alles erinnert. Doch dann siegte der reine Menschenverstand und ich fühlte, daß man alle in Richtung ‚Totenvogel' gehenden Deutungen Perlen des Schwachsinns nennen muß. Eine Meinung, die ich auch früher zu diesem Thema vertrat."

Karl drückte seine Zigarette in der Aschenschale aus und meinte: „Und die Assoziation, daß dir das Wichtl durch sein auffälliges Verhalten die Anwesenheit des kranken Rehbockes mitteilen wollte, gab es nicht?"

„Doch, doch, du wirst lachen, die bestand und besteht auch heute noch, ich konnte mich nie völlig davon befreien. Zu oft gab es Schnittpunkte mit dem kleinen Nachtjäger, an denen er mich auf ausziehendes Wild aufmerksam machte."

Karl nickte zustimmend und meinte gedankenverloren: „Es gibt doch so viele Menschen, die überzeugt sind, daß ‚jenseitige Helfer' ganz entscheidend unseren Lebensweg begleiten. Warum soll das nicht mit Hilfe eines Kauzes geschehen?"

Längst hatte die Kuckucksuhr den Freunden die Geisterstunde wissen lassen, als sie zu Bett gingen, und selbst dort noch ihr Gespräch in losen Sätzen fortführten. Irgendwann versiegte dann ihre Kraft, die Kostbarkeit des Augenblicks festzuhalten. Hüttenzauber!

Der Morgen stand kühl und fremd vor der Jagdhütte. Nach dem urgemütlichen, jedoch lange währenden Ansitz in der Hüttenstube gestaltete sich der Aufgalopp für die Freunde ein bißchen schwierig. Doch Karl wußte Abhilfe, und zwar nach dem Motto „Den Teufel kann man nur mit Beelzebub austreiben" kochte er eine dampfende Brühe: heiß wie die Hölle, schwarz wie die Nacht, süß wie die Liebe und stark wie ein Kuß vor dem Tod! Mit diesem Weckamin, das ekelhaft gut schmeckte, schafften sie spielend die Rückkehr ins tägliche Leben.

Der dunstig verhangene Morgenhimmel verbreitete Tristesse und paßte gut zum bevorstehenden Abschied der Freunde, denen jetzt nur noch der gemeinsame Weg ins Tal blieb.

Karl mit dem Gamsbock am Buckel, kostete der Abstieg physisch und psychisch eine Menge Kraft. An extremen Stellen fiel es nicht leicht, auf Naßschnee und seifigem Buchenlaub das Gleichgewicht zu halten.

Wohlbehalten erreichten die beiden Jäger ihre Fahrzeuge. Der Abschied hatte für sie immer eine Prise Wehmut im Geleit; zuviel Gleichklang gab es in ihrem Denken und Tun. Gut, daß es im kommenden Jahr wieder Manöver gab!

Alles klar? … Alles klar!

* * *

Daheim herrschte Freude über die Rückkehr des „tüchtigen Kriegers" und erfolgreichen Jägers! Besonders stürmisch fiel Ritas Begrüßung aus, doch bald fand sich auch Vorwurf in ihren treuen Hundeaugen.

„Zum Heer kann ich dich ja nicht mitnehmen, mein Mädchen, doch ab nun wirst du wieder täglich an meiner Seite sein." Als hätte sie verstanden, ging sie zufrieden in ihren Korb, der in der Nähe des Schreibtisches stand und ließ ihr Herrchen nicht aus den Augen.

Lange vor Tagesanbruch schreckte Andreas Stecher schweißgebadet aus dem Schlaf, für ihn etwas Ungewöhnliches. Seine Frau kämpfte manchmal mit Alpträumen, doch ihn hatten diese bösen Dinge bislang verschont.

Doch halt … jährte sich heute nicht der Tag, der ihm das Erlebnis mit dem Wichtl beschert hatte …? Leise, um niemanden zu wecken, schlich Andreas höchst motiviert in sein Zimmer, griff nach dem Tagebuch, und da stand es schwarz auf weiß. Heute vor einem Jahr hatte es sich zugetragen.

Leise verließen Herrchen und Hund das Haus. Rita fühlte sich glückselig, sprang in den Jagdwagen und kuschelte sich genüßlich knurrend auf den Beifahrersitz.

Während der Fahrt ins Revier dachte Andreas Stecher an die Geschehnisse, die auf die Stunde genau ein Jahr zurücklagen. Was ihm wohl der heutige Morgen bringen mochte? Bei diesen Gedanken beschlichen den Jäger seltsame Empfindungen. Unzählige Male hatte er die Passion gefühlt, die der Jagd voranging wie der Morgenschimmer dem Sonnenaufgang und die Düsterkeit der Nacht.

Doch heute schien alles anders, heute gesellte sich zu dem gewohnten Kribbeln im Blut eine eigenartige Spannung. Eine Anspannung, wie sie einst der Jäger der Frühzeit beim Anblick urigen Wildes gefühlt haben mochte.

Obwohl überzeugt, daß ihm kein zweites Mal ein derartiges Erlebnis mit dem Steinkauz widerfahren werde, wuchs die Hochspannung in Andreas von Minute zu Minute. Dabei hatte er doch längst das Mäntelchen des Schweigens über das Abenteuer mit dem Wichtl gebreitet und seine ganz persönliche Stellung hiezu bezogen. Dennoch immer wieder die bohrende Frage: „Begleiten tatsächlich jenseitige Helfer – in welcher Gestalt immer – den Menschen auf seinem irdischen Lebensweg …? Diese Gedanken ließen Andreas nicht mehr los, hatten sich in seinem Denken eingenistet, festgekrallt!

Schöpfung und Jagd sind voll von Geheimnissen und Rätseln! Es kann jedoch von Zauber sein, einem Rätsel das Geheimnis zu lassen wie einer Jungfrau. Nimmt man erst beiden das Geheimnis, ist jenes kein Rätsel und diese keine Jungfrau mehr.

Langsam, fast lautlos rollte der Jagdwagen an der Reviergrenze unter der mächtigen Eiche aus. So leise wie möglich öffnete der Jäger die Wagentür, stieg aus und horchte angespannt in den finsteren Wald hinein.

Totenstille! Alles verhielt sich wie damals, nur das Gezeter des Wichtls blieb aus. Fahles Mondlicht sickerte durch eine Hochnebeldecke, und die Silhouetten riesiger Eichen wirkten wie aus dem Gespensterreich.

Ohne Zwischenfall erreichten Jäger und Hund den Rand des Eichenbestandes. Die wacklige Holzruine aus dem Vorjahr gab es längst nicht mehr. Jetzt stand hier ein stabiler, dem Umfeld gut angepaßter Hochstand, den auch Rita leicht erklimmen konnte. Die Hündin liebte es nicht, unter einer Reviereinrichtung abgelegt zu werden, sie suchte stets mit großer Hingabe die Nähe ihres Herrn.

Noch schlief die Natur, doch man spürte ihren schweren Atem. Sonst? Kein Schrecken, kein Brechen, kein Kauzruf … nur Stille. Unglücklich der Jäger, der keinen Zugang zu dieser Stille findet.

In solchen einsamen Stunden gedachte Andreas Stecher manchmal mit Wehmut an einen grünen Weggefährten, der zu allen die Jagd begleitenden Köstlichkeiten keinen Zugang hatte und nur auf deren Endzweck fixiert war. Beide spürten sie, unendlich wenig gemeinsam zu haben und fühlten sich wohl nie einsamer als in Stunden der Zweisamkeit. Dennoch wollten sie das Blendwerk der Gewohnheit nicht zerstören. Erst unüberwindliche Ansichten in puncto Jagd führten zur endgültigen Trennung ihrer Wege.

Ein heller Streifen stieg im Osten empor. Bald zeigte sich am Himmel ein matter Schimmer, und der Tag kam mit kleinen Schritten.

Der Forstweg entfernte sich vom Hochsitz schnurgerade, ließ sich zweihundert Meter gut überblicken und trennte Hochholz und Schlag, dessen üppiger Auswuchs heuer an vielen Stellen dem Wild gute Deckung bot.

In der beschaulichen, friedlichen Zeitspanne des Tagwerdens plötzlich schweres Brechen im Hochholz.

Aufgepaßt!

Offenbar zog Hoch- oder Schwarzwild von den Feldern zurück. „Wahrscheinlich Sauen, die sich irgendwo über einem Fraß versäumt haben“, dachte Andreas und richtete sich eine weiche Auflage für die Büchse. Abermals gingen Äste in Brüche, doch jetzt schon in adrenalinschwangerer Nähe. Jeden Augenblick konnte Wild über den Forstweg wechseln. Aber nichts geschah.

Erst nach längerem Nervenkitzel wieder ein Brechen, doch diesmal weit drinnen im Holz! Das darf nicht wahr sein. Ein Nachzügler womöglich …?

Kaum gedacht, zogen im entferntesten, zwielichtigsten Winkel drei Schwarzkittel über den Forstweg. Eine satte Kugelschußentfernung trennten den Jäger von dem schemenhaft erkennbaren Wild, und Andreas fühlte, in diesem Fall wäre es entschieden besser, auf den verlängerten Arm des Büchsenlaufes zu verzichten.

Bange Minuten verstrichen. Befand sich der Nachzügler noch auf den Läufen? Nichts tat sich mehr, und allmählich verstärkte sich in Andreas das Gefühl, kein Wild würde mehr austreten.

Schon fix und fertig zum Abbaumen, plötzlich ein naher, elektrisierender Kauzruf. Nanu …? Um Gottes willen, schaute da vorne nicht das Gebrech einer groben Sau aus dem Brombeergerank …? „Der Nachzügler, ein Einzelgänger", schoß es Andreas durch den Kopf. Bis an den Rand der Eichen hatte sich der Keiler – deutlich konnte er sein prahlendes Gewaff im Morgenlicht erkennen – lautlos herangeschoben und überlegte jetzt wohl, ob er die schützende Deckung überhaupt verlassen sollte. „Wenn, dann womöglich im ansatzlosen Schweinsgalopp", dachte Andreas vom jagenden Pulsschlag malträtiert und suchte im herbstlich gefärbten Blattgewirr der Brombeerranken das Leben des Bassen.

Mit dem verklingenden Echo des Knalls mischte sich des Keilers Totentanz, ein schnelles, stoßendes Stakkato der Hinterläufe, eine untrügliche Botschaft, dann kehrte Ruhe ein.

Während Rita ein fröhliches Fest feierte und dem Keiler ungestüm an die Schwarte ging, begaben sich Andreas' Gedanken auf die Reise. Genau vor einem Jahr, selbst die Uhrzeit mochte penibel stimmen, erlegte er da drüben im Schlag den abgekommenen Rehbock, dessen Kiefer der Knochenkrebs zerfressen hatte. Damals den Irritationen des „kauzigen Morgens" noch mit Haut und Haaren erlegen, war dem Jäger mittlerweile das Wichtl längst zum jagdlichen Weggefährten geworden. War nicht vorhin, kurz bevor der Basse sein Gebrech aus der Deckung schob, wieder ein Aviso von seinem gefiederten „Jagdgehilfen" gekommen …?

Zufall? Andreas Stecher fiel es schwer, an solche Zufälle zu glauben. Nebelfahnen stiegen aus dem Schoß der Erde und wiegten sich im leisen Morgenwind wie groteske Figuren über den Forstweg hin. Ein letzter Kauzruf fügte sich gut in dieses Szenario, und Andreas Stecher beschloß, ein Geheimnis für sich zu bewahren …

* * *

Nach längeren Irrfahrten in den Wäldern der Normandie – zur Zeit des unseligen Völkermordens vor mehr als einem halben Jahrhundert – ließ sich Andreas Stecher im winzigen Park einer kleinen Ortschaft hundemüde auf eine Bank unter schattenspendenden Bäumen fallen. Unweit von ihm stand eine aus Stein gehauene Statue, zu deren Füßen eine Bronzetafel stand. Obwohl den Jüngling in deutscher Uniform die Inschrift interessierte, fielen ihm Sekunden später die Augenlider zu. Ein gar nicht ungefährliches Unterfangen, da damals in jenem Gebiet der französische Widerstand schon kräftige Lebenszeichen von sich gab.

Die Siesta des Soldaten währte nur kurz. Im Unterbewußtsein wahrgenommene leise Schritte auf dem Kiesweg ließen ihn in die Höhe fahren.

Schmerz laß nach! Vor Andreas Stecher stand ein etwas klein geratenes, doch ordentlich gekleidetes Bürschchen mit kurzgeschorenem Haar, guter Haltung und einem freundlichen Lächeln auf den Lippen.

„Pardon, mein Herr, ich wollte Sie nicht erschrecken", sagte mit angenehm klingender Stimme der etwa im Alter seines Gegenübers stehende Zwerg.

Wahrhaftig, es gibt Menschen, bei denen Gesicht und Seele eins sind. Der Kleine gehörte zu diesen wunderbaren Geschöpfen, wie Andreas bald feststellen sollte. Daß der Franzose immer zu lächeln schien, weil seine Mundwinkel von Natur aus nach oben zeigten, erklärte nur einen Teil seiner Anziehungskraft.

René, der Jäger, entpuppte sich als kauziger Wicht, der rasch Andreas Stechers Sympathien gewann. Es gibt Menschen, die lernt man innerhalb weniger Augenblicke kennen, andere wiederum kann man ein Leben lang nicht ausloten.

Schon bald darauf wurde für den jungen Soldaten ein Tag ohne René zu einem verlorenen Tag. Ihre Fremdsprachenkenntnisse – des einen Französisch, des anderen Deutsch – reichten, um Unterhaltungen passabel führen zu können.

René mußte in jener Zeit, in seiner Funktion als Jäger, einigen höheren deutschen Offizieren als Pirschführer zur Seite stehen. Nachdem der nette Knirps aus Andreas' Mund erfuhr – er sagte später zwar, er hätte dies ohnehin auf den ersten Blick bemerkt –, daß auch er trotz seiner Jugend dem Waidwerk mit Haut und Haar verfallen war, wollten sie voneinander nicht mehr lassen.

Sooft es der Dienst erlaubte, fanden sie sich in nicht enden wollenden Gesprächen oder zu gemeinsamen Pirschgängen.

Überzog Fahnenjunker Andreas Stecher einmal seine Freizeit, entging er dienstlichen Schwierigkeiten nur deshalb, weil seine unmittelbaren Vorgesetzten großen Gefallen an allem Wild fanden, das er aus den umliegenden Wäldern ins Lager brachte. Für Wildbret hätten die Recken wohl ihre Schwiegermütter dem Teufel geopfert!

Bald sollte René Andreas Stecher auf den ersten Rehbock führen. Der Bock war ursprünglich einem General zugedacht, der mit Andreas dasselbe Revier bejagte. Seit Andreas und René herzliche Freundschaft geschlossen hatten, konnte sich jedoch die Generalität in jagdlicher Hinsicht auf der ganzen Linie „brausen".

„Solange du hier bist, wird ‚Glotzauge' – so nannten sie den monokeltragenden General – keinen guten Rehbock oder Hirsch mit mir schießen", sagte René im Brustton der Überzeugung, wobei der kauzige Zwerg ein Auge zudrückte und sein Gesicht zu einer Grimasse verzog.

„René, du Teufelskerl, sei vorsichtig! Manch einer dieser hohen Herren ist unberechenbar und versteht absolut keinen Spaß", erwiderte Andreas, doch sein französischer Freund grinste nur unverschämt, womit die Sache für ihn erledigt schien.

Alle schönen Dinge dieser Welt haben ihre Wahnsinne: das Essen, das Trinken, das Lesen, das Schreiben, das Lieben – warum sollte nicht auch das Jagen dazugehören, dachte Andreas und setzte ein Lächeln auf, das bis zu den Stockzähnen reichte.

Für die Jagdzüge mit René stand meist ein Kübelwagen oder eine Beiwagenmaschine zur Verfügung. Auf der Fahrt ins Revier besuchten die beiden Freunde jedesmal eine am Weg liegende Waldschenke, und das hatte, wie Andreas erst viel später zu wissen bekommen sollte, seinen gewichtigen Grund. René erfuhr in diesem Lokal die augenblickliche Stärke und Aktivität des französischen Widerstandes und gestaltete dementsprechend die bevorstehenden Pirschgänge. In den umliegenden Wäldern sollte sich irgendwo ein geheimer Sammelplatz der Résistance befinden.

René wollte Andreas von all diesen Dingen fernhalten und ihn damit in keiner Weise beunruhigen. Andreas Stecher wiederum konnten die Besuche in der Waldschenke nur begeistern, da er auf die Tochter des Hauses ein Auge geworfen hatte.

Ninon, bezaubernd schön, geschmeidig wie eine Katze, hatte eine Haut von heller Farbe, Augen wie Kornblumen und ein seidiges Haar, das ihr bis auf den Rücken reichte.

Einmal die Woche gab es in der idyllischen Gaststätte hohen Besuch. Am begehrtesten Tisch beim Fenster, das den Blick auf ein grünes Tal freigab, saß ein Marquis. Ein vornehmer Franzose, etwa 60 Jahre alt. In der Haltung von Schultern und Kopf offenbarte sich die Würde eines Menschen, sich über andere zu erheben.

Eine Augenweide, dem Adeligen beim Tafeln zuzusehen. Er speiste wie ein Fürst; kultiviert und mit hohem Genuß. Messer und Gabel gebrauchte er wie ein Chefchirurg die Instrumente! Seine Eßkultur steckte, gleicherweise wie seine Eßlust, alle im Lokal an.

Von René wußte Andreas, daß sich der Adelige bei seinen Besuchen in der Waldschenke nach dem Genuß einer Flasche Champagner mit Ninons Mutter auf ein Stündchen zurückzog, um der Liebe zu frönen. Die noch nicht verblühte Schönheit diente dem Marquis in Sachen Liebe seit dem Tod ihres Mannes, der bei einem mysteriösen Jagdunfall sein Leben lassen mußte. Niemand wollte von fremder Schuld sprechen. Die Tragödie machte offensichtlich stumm. Keiner machte sich auch Gedanken, worauf die Verbindung der beiden so grundverschiedenen Menschen beruhte. Wahrscheinlich war's die Liebe, die wohl überall seltsame Wege geht. Dennoch mußte man als Außenstehender den Eindruck gewinnen, der Marquis und die Chefin der Waldschenke gingen, trotz jahrzehntelanger Freundschaft, ihre eigenen Wege. Möglicherweise wollten beide den Ablauf der gemeinsamen Stunden nicht missen – oder gab es da noch einen anderen Grund, eine andere Bindung, die das ungleiche Paar aneinanderkettete?

An einem glühend heißen Wochentag im Juli, der so gar nicht danach aussah, einen Rehbock vors Feuerrohr zu bekommen, fuhren Andreas und René ins Revier. Die beiden jungen Menschen liebten die Jagd eben über alles!

Ihr obligater Besuch in der Waldschenke währte nicht lange, denn außer einem mißmutigen Aushilfskellner ließ sich heute niemand blicken.

„Um so besser", konstatierte René, doch Andreas Stecher wußte nicht, was der kleine Franzose mit diesen Worten ausdrücken wollte. Für weitere Fragen schien es aber zu heiß. Und im übrigen: Stechers Interesse galt in dem abgeschiedenen Lokal ohnehin nur Ninon.

René, trotz seiner Jugend nicht nur ein guter Jäger, sondern auch ein ausgezeichneter Menschenkenner und famoser Spürhund, gab sich bisweilen verschlossen wie ein eisernes Tor. Ausgesprochen kauzig! Wenn der Jäger nicht wollte, konnte man ihm keine Silbe entlocken, andererseits überraschte er Andreas immer wieder mit unglaublichen Aussprüchen und Resultaten.

Einmal verblüffte ihn der liebenswerte Kauz mit Worten, die Andreas ein Leben lang nicht vergessen sollte: „Um Erfolg zu haben, brauchst du einen Freund, um großen Erfolg zu haben, brauchst du Feinde." Wo nahm der junge Franzose bloß diese Lebensweisheit her ...?

An jenem Julitag wollte René mit Andreas zu einem Hochsitz, den der kleine Jäger kunstvoll in eine alte Eiche hineingezimmert hatte. Doch plötzlich machte Käuzchen wortlos kehrt und deutete seinem Freund, er möge ihm folgen. Der wiederum verstand den überstürzten Bocksprung nicht, zeigte sich etwas mißmutig, da er sich schon unter dem schattenspendenden Laubdach sitzen sah. Doch in solchen Situationen zeigte sich René weder offen für eine Frage noch duldete er einen Widerspruch.

Schritt für Schritt pirschten die beiden bald durch ein nahes Hochholz, und Andreas hatte keine Ahnung, wohin dieser überraschende Trip führen sollte.

So benahm sich René. Kauzig wie ein überspannter Gelehrter!

Erst als knapp vor den beiden Freunden ein Rehbock erschrocken aus seinem Lager rumpelte – man konnte ihn vorher nicht ausmachen, da ihn zwei dicke Stämme deckten –, sah sich Käuzchen am Ziel seines Tuns und forderte Andreas zum Schuß auf. Doch bis dessen Büchse an der Wange lag, hatte der Bock mit raumgreifenden Fluchten längst das Weite gesucht.

Noch während einige tiefe Schrecklaute an die Ohren der Jäger drangen, setzte sich René wie ein Wiesel in Bewegung, und Andreas mußte sich gehörig sputen, um das Tempo mitzuhalten.

Völlig außer Atem erreichten sie einen steil abfallenden Hang, der vortrefflichen Einblick in eine nur schwach verbuschte Senke bot.

„Mach dich bereit, gleich wird da unten der Bock durchziehen", zischte der Jäger – und sollte recht behalten. Kaum lehnte Andreas an einem zum Anstreichen günstigen Eichenstamm, wechselte der Bock durch die Grabensohle. Erst jetzt nahm Stecher die hoch über die Lauscher ragenden Stangen wahr, und sein Herz schlug dumpf wie ein Preßlufthammer.

„Schießen!" flüsterte René, doch sein Freund wartete, bis der Kapitalbock nach einem leisen Pfiff in ihre Richtung äugte und Blatt zeigte. Unverkennbares Schußzeichen, René jauchzte erfreut, und Andreas kniete nieder, um Käuzchen zu umarmen.

Bald standen sie vor „Herkules", wie René den Bock nannte, und schauten gebannt auf dessen unvergleichliche Krone. Was für ein Anblick!

Trotz seiner Jugend fühlte sich Andreas Stecher in diesem Augenblick von Diana geküßt.

Wie sehr doch die beiden Freunde die folgende glückliche Stunde in der Waldschenke bei einer Flasche Champagner genossen. Zu Andreas' Freude fand Ninon immer öfter den Weg an ihren Tisch. Zu guter Letzt trank sie sogar mit den Jägern ein Glas auf „Herkules".

Stechers Vorgesetzte freuten sich nur über das Wildbret, von der „herkulischen Trophäe" nahmen sie nicht die geringste Notiz. Warum auch, ihnen ging es doch einzig und allein um einen vollen Freßnapf!

Bei Andreas' gedanklicher Nachlese zu dieser Bockjagd interessierte ihn nur eines: Wie konnte René wissen, daß „Herkules" im besagten Hochholz saß …? Sicher ein Geheimnis, das nicht den Gesetzen der Intelligenz, sondern der Magie der Instinkte entsprach. Käuzchens Attribute!

Die Zeichen standen auf Sturm! „Glotzauge" hatte durch einen dummen Zufall oder durch gewollte Indiskretion von Andreas' Waidmannsheil erfahren. Am Abend des nächsten Tages stand der Lampassenträger urplötzlich im Kasino auf wippenden Zehen vor Andreas Stecher und meinte recht unwirsch: „Du wirst doch jetzt keinen zweiten Bock schießen wollen, bevor ich einen auf die Decke gelegt habe …?!"

„Neid scheint stumpfsinnig zu machen", dachte Andreas, als „Glotzauge" seine Kinnlade vorschob und nun einer Bulldogge frappierend ähnelte. Sein Gefasel fiel Stecher auf den Wecker, andererseits wußte er nur zu gut, daß man regen Geist benötigte, wenn in Kriegszeiten der Widerpart mehr Sterne auf den Schulterklappen trug.

„Glotzauge" kennzeichnete überdies absoluter Größenwahn. Der eine oder andere seiner Untergebenen sah sich schneller als er denken konnte in der unendlichen Weite Rußlands wieder, wenn er nicht tat, was sein übermächtiger Boß befahl!

„Selbstredend nicht, Herr General", antwortete Andreas Stecher forsch, ließ dabei die Absätze knallen, rezitierte jedoch im Gedanken mit wahrer Inbrunst das allen Volksschichten bekannte Zitat eines deutschen Dichterfürsten, der damit dem Allerwertesten zu literarischem Ruhm verhalf.

„Brav, mein Junge, seeehr brav", flötete „Glotzauge" mit schnoddriger Stimme und holte sein Kinn in die Normallage zurück.

Verdammt hart, von dem Monokelträger gelobt zu werden!

Stechers gute Laune schwand, er dachte ständig an das Jagdverbot, das er zähneknirschend zur Kenntnis nehmen mußte, bejagte er doch mit dem General gemeinsam ein Revier.

Natürlich sahen die Franzosen in den ungeliebten deutschen Jägern nichts anderes als Wilderer, da nützten auch die Genehmigung zur Jagdausübung und eine genaue Reviereinteilung seitens des zuständigen Jagdoffiziers nichts.

Erst als René von diesem über Andreas verhängten Jagdverbot erfuhr, hellte sich dessen trübe Stimmung rasch wieder auf.

„Das kommt überhaupt nicht in Frage. Dann jagen wir eben in den Wäldern des Marquis – mit der Résistance."

Andreas Stecher spitzte zum ersten Mal so richtig die Ohren!

„Was, die jagt auch ...?"

„Selbstverständlich, wovon sollten diese Leute denn leben?!"

Andreas, schlagartig nicht mehr ahnungslos, wußte nun um die Gefahr, die manchmal – oder immer – in den Wäldern der Normandie auf ihn lauern mochte. René verstand es jedoch, seinen Freund von allen Bedenken zu befreien und von allen Fährnissen fernzuhalten.

„Glotzauge" schoß einen elenden Kümmerer, und Andreas Stecher betrachtete das über ihn verhängte Jagdverbot automatisch für aufgehoben.

Eine Fügung, die er recht bald für eine glückliche hielt, brachte es mit sich, daß der junge deutsche Grünrock an einem Juliabend ohne seinen französischen Freund ins Revier fuhr. Käuzchen, wie er René gerne nannte, hatte anderes zu tun, und Andreas kam allein in die am Weg liegende Waldschenke.

Dort saßen der Marquis und die Frau des Hauses schweigend bei der obligaten Flasche Champagner, um sich wohl auf ihre Liebesstunde einzustimmen.

Zu Andreas' größter Verwunderung bat ihn der Adelige mit den Worten: „Habe von Ihnen schon viel Erfreuliches gehört" an seinen Tisch. Der Marquis entpuppte sich als liebenswürdiger, geistreicher, redegewandter Unterhalter, und Andreas genoß es, wie tief und heiter er über Gott und die Welt zu reden wußte. Eine Freude zuzuhören, dann und wann eine Frage zu stellen, das Gehörte in sich aufzunehmen.

Letztlich fielen auch einige Worte über den französischen Widerstand, der sich im Untergrund längst gegen die ungeliebte deutsche Besatzungsmacht formiert hatte. Da Andreas keine Ahnung davon besaß, daß René zu den Vertrauten des Marquis zählte, erstaunten ihn sehr die offenen Worte, die der Adelige zu diesem heiklen Thema fand, wie zum Beispiel: „Alle, die für die Freiheit fallen, sterben nicht."

Da Andreas Stecher diesen Worten schweigend seine Zustimmung gab, hatte er offensichtlich die Sympathien des Franzosen gewonnen. Obwohl der Marquis – wie alle seine Landsleute – die Jagd nicht ausüben durfte, lud er Andreas spontan auf Reh-, Hoch- und Schwarzwild ein. Seine nahen Güter ermöglichten dem jungen Soldaten in der Folge so manche unvergeßliche Pirsch. René fand sich dabei ständig an seiner Seite, und das hatte triftigen Grund.

Zum Glück wurde Andreas Stecher bislang noch nie direkt mit Gefahren der Résistance konfrontiert, erlebte sie nur am Rande und nahm ganz einfach das nebulose Wissen um diese heikle Sache – der Jagd willen – in Kauf.

Spät, erst kurz vor dem endgültigen Abschied, gestand Käuzchen seinem deutschen Freund: „Der Marquis hat die ganze Zeit schützend seine Hand über dich gehalten ..., sonst hätte sich dein Schicksal – wie das vieler anderer deutscher Soldaten – in den Wäldern der Normandie erfüllt."

Am Beginn ihrer Bekanntschaft lud der adelige Grundbesitzer eines Tages Andreas Stecher spontan zu sich, um ihm sein Schloß zu zeigen. Neugierig machte sich der leidenschaftliche Jäger auf den Weg. Schon in der Nähe des altehrwürdigen Gebäudes bemerkte er den Hausherrn, der sich mit seinem Jagdhund vergnügte.

„Sssst" surrte das in den Hausweiher geworfene Stäbchen. Der bildsaubere Gordonsetter jagte mit raumgreifenden Sprüngen hinterher, warf sich verwegen in den Teich, pflügte das Wasser, schnappte das Holz und flog, wieder am Ufer, wassersprühend zu seinem Herrchen.

„Der Arme hat in letzter Zeit so wenig Arbeit, daß ich ihm ganz einfach diese Freude bereiten muß", sagte der Marquis und schüttelte seinem Besucher kräftig die Hand.

„Kommen Sie, ich will Ihnen jetzt mein Schloß zeigen, in dem es zumindest einmal im Jahr, wie Sie ja schon gehört haben werden, eine Gespensternacht gibt. Überdies sagen die Leute, daß es in dem alten Gemäuer nicht mit rechten Dingen zugeht!"

„Welches Schloß ist schon ohne Sagen, Mythen, Menschheitsrätseln?" entgegnete Andreas und lächelte still in sich hinein. Doch sehr bald sollte er diese Meinung korrigieren müssen.

„Das Renaissanceschloß behaftet seit dem 16. Jahrhundert ein gespenstiger Horror. In einer schwülen Sommernacht – so weiß es die Sage – sollen damals Kampfhunde eines exzessiven Vorfahren dessen Geliebte nach einem Schäferstündchen zerfleischt, brutal in Stücke gerissen haben", berichtete der Marquis und schaute mit leerem Blick über seinen Besucher hinweg.

„Unfall oder Mord ...?"

„Man tappte im dunkeln, erfuhr nur, was kurz vor dem Unglück geschah. Ein Diener mußte dem Liebespaar Orangen servieren. Jährt sich diese Unheilsnacht, ist zur Geisterstunde irgendwo in dem alten Gemäuer rasendes Hundegebell zu vernehmen. Geht man der Sache nach, herrscht im Schloß schnell wieder Totenstille."

„Der ganze Spuk?"

„Keineswegs." Der Hausherr stieß nach diesem Wort die Tür zu einem Gemach auf, in dem nur ein riesiges Himmelbett stand und ein Gemälde hing. Doch wo kam plötzlich der Duft frischer Orangen her? Der irre, starre Blick, den der sagenumwobene Vorfahre aus einem wuchtigen Goldrahmen auf Andreas Stecher warf, jagte diesem einen kalten Schauder über den Rücken. Seine Nackenhaare stellten sich wie die Stacheln eines Igels auf und fanden nur langsam in die Normallage zurück.

Jetzt hatte der Marquis Grund zum Lächeln.

Seit dieser Stunde machte das alte Schloß auf Andreas einen geheimnisvollen, düsteren Eindruck, dem er nie mehr ganz entrinnen konnte.

Wie sich doch die Zeiten änderten! Vor dem ersten Gespräch mit dem Marquis in der Waldschenke begegnete Ninons Mutter dem ungeliebten deutschen Soldaten meist mit spöttischen Lippen, jederzeit zu Seitenhieben bereit. Doch schlagartig wehte Andreas ein familiärer Hauch entgegen, der ihn sehr an zu Hause gemahnte.

Natürlich zeigte sich Andreas Stecher darüber hoch erfreut, aber ebenso Ninon, in deren Blicken bisher nur verdrängte Leidenschaft zu flackern schien. Beide spürten, daß ihre Herzen nun im gleichen Takt schlagen durften.

Sehr bald erkannten die beiden jungen Menschen im Reitsport ihr gemeinsames Hobby. Sie erwiesen sich als begeisterte Pferdenarren und durften die dem Marquis verbliebenen Vollblüter bewegen, so oft sie dazu Lust und Zeit fanden. Das Paradies der Erde lag für Ninon und Andreas damals schon auf dem Rücken der Pferde.

Oft wußten sie in ihrem jugendlichen Übermut nicht, gingen die Pferde mit ihnen durch oder hatten sie diese noch fest in der Hand. Sie flogen unbekannten Zielen entgegen, fühlten unbändige Freude und Sinnlichkeit. Im Sattel zu sitzen und die Macht zu spüren, das Pferd zu beherrschen, brachte den jungen Menschen Glücksgefühle besonderer Art.

Ninon und Andreas erlagen dieser Faszination mit Haut und Haar. Sie jagten im gestreckten Galopp über Freiland, doch auch auf schummerigen Waldwegen dahin. Meist sah Andreas vor sich die zierliche Gestalt Ninons mit fliegendem Haar auf ihrem wunderschönen Apfelschimmel, der so weit ausgriff, daß auch die Reiterin zu fliegen schien. Ein Ende dieser fröhlichen Jagden im Sattel setzten in der Regel Hindernisse, die zu erwünschter Rast einluden. Traum oder Wirklichkeit? Diese Frage geisterte Andreas Stecher sehr oft durch den Kopf.

Ninon saß immer mit elegantem Schwung auf, trabt kurz an und fegte dann wie ein Wirbelwind davon.

Bilder, die dem jungen Soldaten unvergeßlich blieben.

René, dem die Liebelei, in die sich sein Freund und Ninon immer tiefer verstrickten, nicht verborgen blieb, bezeichnete Andreas als Glückspilz und stellte ihm grinsend die Frage, wann geheiratet werde?

„Langsam, langsam, René, du weißt doch, eine Liebesgeschichte braucht Spannung vor dem Happy-End."

Die Hirschbrunft nahte. René, total überfordert, brachte Andreas eines Tages eine Herzschlagnachricht.

„Der Marquis meint, du sollst heuer seinen stärksten Hirsch schießen."

„Bist du noch zu retten, wie käm' ich zu dieser Ehre ...?"

„Der Marquis, der eine tiefe Erdung in diesem Landstrich hat, will ganz einfach nicht, daß ein ungeliebter Jagdgast – zum Beispiel „Glotzauge" – den kapitalen Geweihten, der schon ein Jahrzehnt seine Fährte durch diese Wälder zieht, auf die Decke legt."

„Aber warum gerade ich?"

„Das wissen die Götter, der Marquis mag dich offenbar sehr, hat sich dazu jedoch nicht näher geäußert; er wäre nur gerne dabei, wenn der Hirsch durch deine Kugel fällt."

Andreas Stecher zeigte sich sprachlos und verwirrt zugleich, handelte es sich doch um einen Hirsch, dessen Trittsiegel alle Waidmänner erzittern ließen.

Wenig später kam der Tag. Andreas und René fuhren mit der Beiwagenmaschine zum Schloß, wo sie der Hausherr schon erwartete und freundlich begrüßte. Nach einer Erfrischung ging es mit dem Pferdegespann ins Revier.

Ein uralter Kutscher brachte seinen Herrn, Andreas und René in die Nähe einer großen Waldwiese und bekam den Auftrag, sich hier mit dem Wagen nach Einbruch der Dunkelheit wieder einzufinden.

Mit großer Vorsicht pirschte die kleine Jagdgesellschaft unter Führung Renés am Rand der von Hochholz umschlossenen Waldwiese zu einem Hochsitz, der ausgezeichneten Ausblick auf den Brunftplatz bot. Die vor ihnen liegende grüne freie Fläche schwang im letzten Drittel steil zur Höhe, bis zu einem Mischwald, aus dem man Hochwild erhoffte.

Der Marquis und Andreas Stecher saßen auf einer schmalen Bank, René hatte es sich zu ihren Füßen bequem gemacht, was seine kleine Statur ohne Schwierigkeit ermöglichte. Da kauerte er wie ein Käuzchen und starrte mit großen Eulenaugen auf die Brunftarena.

K.P. Reif

K.P. Reif

Noch immer fragte sich Andreas, warum der Marquis gerade ihn, den jungen, unbedeutenden Besatzungssoldaten, auserkoren hatte, den Kapitalhirsch zu erlegen. „Warum gerade mich?“ Diese Frage schwirrte nach wie vor durch seinen Kopf.

Stecher wußte nicht, daß der Mann neben ihm eine führende Rolle im französischen Widerstand spielte. Die Spirale der Gewalt drehte sich schon in vielen Landesteilen, und dennoch dachte Andreas keinen Augenblick daran, daß man ihn einmal als Werkzeug benutzen könnte. Moralischer Doppelbödigkeit begegnete er jedenfalls damals, im Umgang mit dem Adeligen, keiner.

Ringsum tiefe Stille. Der Abend kam mit Riesenschritten, und das Schönste, was Andreas Stecher bei dieser Hirschjagd erleben durfte, war das Geheimnisvolle, das Aufregende, das Nichtwissen um das Kommende!

Was mochte der Geweihte, der sich in aller Munde fand, auf dem Haupt tragen? In dieser rätselhaften Vorschau spürte Andreas plötzlich die Hand Renés an einem seiner Füße. Ein Finger des liebenswürdigen Zwerges deutete zur Höhe, wo Hochwild aus der Deckung zog. Ein Rudel Kahlwild stand im Nu auf der Wiese. Doch keine Spur von einem Hirsch. Dann plötzlich ein dumpfer, drohender Trenser, und schon zog ein Vierzehnender majestätisch aus der Deckung.

Was für ein Anblick, was für ein Hirsch!

In Andreas' kurzem Jägerleben hatte es noch nie ein so überwältigendes Bild gegeben. Deshalb starrte er mit offenem Mund zur Höhe, während in seinem Inneren tiefe Erregung kochte.

Nach langem, hingerissenem Schauen spürte er die Hand des Jagdherrn auf seinem Arm und blickte in ein lächelndes, aufmunterndes Gesicht, in dem sich kein Jota Neid oder Groll fand.

Andreas Stecher lenkte in seinem Leben oft das Herz und nicht der Kopf. Einer inneren Stimme gehorchend, drückte der junge Soldat seine Büchse vorsichtig, fast feierlich, dem großzügigen Marquis in die Hände und sah, wie in dessen Gesicht dem Lächeln ein gespanntes Staunen folgte. Jetzt lag es bei Andreas, aufmunternd zu nicken und in Richtung Brunftrudel zu blicken. Er fühlte die Sternstunde in seinem jungen Jägerdasein.

Im Knall taumelnde Fluchten, überschlagendes Zusammenbrechen und Todesfahrt bis ans Ende der steilen Halde.

Noch war's aber nicht das Ende.

Plötzlich hob der Hirsch sein mächtiges Haupt, legte das Geweih langsam auf den Ziemer, und aus dem geöffneten Äser kam in einer weißen Dampfwolke ein letzter, versiegender Schrei. Dann fiel das gekrönte Haupt schwer zur Seite.

Alle starrten gebannt auf das erschütternde Bild.

Auch der Marquis saß wie in Trance, blickte dann Andreas Stecher tief in die Augen, bevor er ihn wortlos an die Brust zog. Den jungen Soldaten durchströmte ein Glücksgefühl besonderer Art und er spürte zum ersten Mal als Jäger, daß es nicht notwendig ist, selbst den Finger zu krümmen, um Waidmannsfreuden zu erleben.

Auch das stille, meditierende Schauen am gestreckten Geweihten grub sich tief in Andreas' Seele ein. Von dieser Stunde an konnte es ihm nur lieb und recht sein, wenn an der Beute in solchen Augenblicken Ruhe und Beschaulichkeit herrschten.

Der adelige Jagdherr, nicht nur Jäger mit Herz, sondern auch ein liebenswürdiger Gastgeber, ließ nach Rückkehr ins Schloß ein unvergeßliches Abendmahl servieren. Doch, wie ging das alles nur so schnell? Da mußten unzählige Heinzelmännchen mitgeholfen haben. Vor allem René sauste wie ein Wirbelwind durch alle Räume des Schlosses. Seine hurtigen Bewegungen strotzten vor Übermut und Tatendrang. Erst jetzt merkte Andreas, Käuzchen war das Faktotum des Schlosses. Darüber hatte René nie eine Bemerkung gemacht. Nicht machen dürfen? Warum eigentlich?

Schnell kamen Mutter und Tochter aus der nahen Waldschenke, und ein fröhliches, tief in die Nacht reichendes Schmausen und Feiern begann.

Ninon und Andreas saßen dem Marquis und Ninons Mutter gegenüber. Es glich einem Familienfest, und ein herrliches Gefühl sagte Andreas Stecher, hier mögen ihn alle, keiner sah in ihm den verhaßten deutschen Besatzungssoldaten.

Vor dem späten Aufbruch prostete der Marquis Andreas noch einmal herzlich zu, stellte sein Champagnerglas ab und sagte mit leiser, wohltönender Stimme: „Von Voltaire, dem großen Philosophen der Aufklärung, stammt der Ausspruch: ‚Was ist die Geschichte der Menschheit anderes, als eine Verkettung von Verbrechen.' Wann immer ich an diesen unseligen Völkermord denke, fallen mir diese Worte ein. Übrigens, der Rückzug der deutschen Truppen ist programmiert und wird nicht allzu lange auf sich warten lassen. Ich bin ganz sicher, für manchen Ihrer Kameraden wäre es ein Fluch, in die

Zukunft schauen zu können. Viele werden, wenn sie diesen Krieg heil überstehen, in ihrer zerstörten Heimat hoffnungslos durchs Netz fallen. Lieber junger Freund, wollen Sie nicht für immer bei uns bleiben ...?"

Andreas Stecher fand schon von Jugend an ein besonderes Vergnügen daran, große Träume zu träumen. Dennoch verwirrten ihn diese offenen Worte ehrlicher Zuneigung völlig. Er starrte auf sein Glas, fand sogleich keine Antwort und war glücklich, als wieder die tiefe, klare Stimme des väterlichen Freundes an sein Ohr drang.

„Nur die Götter können es ertragen, in die Zukunft zu schauen. Lassen Sie sich Zeit und überdenken Sie mein Angebot in aller Ruhe, wir sprechen ein andermal darüber. Nur eines, Andreas, wenn Sie nicht mehr weiterwissen, dann hören Sie auf die Stimme Ihres Herzens."

Andreas Stecher blickte auf Ninon, die ihn mit jedem Tag mehr faszinierte. Ihre wachsende kühle Überlegenheit, das züngelnde Temperament darunter, ihre messerscharfe Intelligenz, die sie so geschickt einzusetzen wußte. Wahrlich, ein außerordentliches Mädchen ... Und bei diesem Gedanken schoß es Andreas Stecher plötzlich durch den Kopf: Ninon war die Tochter des Marquis!

Vor dem Schloß sagte im Licht des Mondes der Gutsherr beim Abschied: „Auf bald, jetzt müssen auch Sie bei mir einen Hirsch schießen und ich will dabei Ihr Pirschführer sein."

Andreas nahm all diese glücklichen Worte in sich auf und ließ sich von dem rollenden Fahrzeug in die Nacht hinaustragen.

Wieder einmal empfand Andreas Stecher die vier Wände der kleinen Stube, die er mit einem anderen Offiziersanwärter teilen mußte, wie einen Käfig. Ein an die Wildnis gewohntes Raubtier konnte nicht anders fühlen. „Ich habe Heimweh nach einer alten, schiefen Jagdhütte in den Bergen", verspottete sich Andreas selbst. Der sinnlose, stupide Dienst hier ging ihm schwer auf die Nerven.

Plötzlich flog mit einem Knall die Tür auf und der „Alte", wie sie den 35jährigen Major nannten, trat einen Schritt in das kleine Zimmer.

„Stecher, was ist los mit dir, warum bringst du uns in letzter Zeit kein Wildbret mehr? Ist es wahr, daß dich die Bordsteinschwalben jetzt mehr interessieren als die Jagd?"

„Mit Bordsteinschwalben pflege ich keinen Umgang, Herr Major", entgegnete Stecher etwas scharf.

„Schon gut, schon gut, Kamerad. Eine tiefgreifende Liaison mit einer Französin wäre noch schlechter, da man nie weiß, wie ... die Chose endet!"

Stecher hörte sehr wohl die versteckte Drohung aus diesen Worten heraus und hielt dem stechenden Blick des Vorgesetzten stand. Der Augenblick ging vorüber, wie Augenblicke das tun.

„Ich hoffe, du hast mich verstanden, Stecher! Geh doch jagen und bring Wildbret ins Lager." Sprach's und verließ die Stube, wie er sie betreten hatte.

Andreas Stecher hatte schon vernommen, daß bei seinen Vorgesetzten Heulen und Zähneknirschen herrschte, weil er sich in letzter Zeit mehr mit Ninon und dem Schloß beschäftigte als mit dem Waidwerk. Das Nahverhältnis Stechers zum Marquis mochte auch so manchem Höherrangigen ein Dorn im Auge sein.

„Diese neidischen Brüder, die ein Leben lang ihren Kopf als Kappenständer benutzen, sollen in Zukunft wieder Wildbret bekommen, wenn sie mich in Ruhe lassen", dachte Stecher und hoffte, damit einen *Modus vivendi* mit den Höherchargierten zu finden. Das Folgenschwere daran: Andreas wußte genau, viele dieser Männer – in ihrer Verblendung dem Regime mit Haut und Haar verfallen – gingen über Leichen, weil ihnen Gott weniger Verstand als einem Schimpansen gegeben hatte.

Kaum nach René gerufen, tauchte der treue, schrullige Kauz auch schon auf. In der Tat eine treue Seele, die jedoch im Handumdrehen verletzlich wie ein Kind sein konnte. Wenn in René Wut aufloderte, vermochte er unberechenbar zu werden, meisterte jedoch jede Schwierigkeit mit stoischer Ruhe. Fühlte er sich zu Unrecht kritisiert, wurde Käuzchen bissig wie ein Dobermann.

Einmal sagte René zu seinem deutschen Freund: „Weißt du, Andreas, ich fühle oft, es gibt einen guten René und einen bösen in mir, und es ist noch nicht ausgestanden, welcher einmal siegen wird."

Andreas erwiderte: „Ich mag dich, so wie du bist, mit all deinen guten und schlechten Eigenschaften." Renés Augen glänzten nach diesen Worten, und Andreas fragte sich, ob er Tränen zurückhielt oder sich nur erleichtert fühlte, weil ihn sein Freund verstand.

Trotz seiner Jugend gab René einen Wetterfrosch par excellence ab. Blickte er abends in den Himmel, wußte er das Wetter von morgen.

„Heute schaut es nicht gut aus, in etwa zwei Stunden wird es sintflutartig regnen", sagte der kleine Wicht und zeigte mit einer Hand nach Westen, wo sich Wolken schwarz wie Öl zusammenbrauten.

„Vielleicht können wir vorher noch eine Rehgeiß schießen, damit wieder einmal Wildbret ins Kasino kommt", meinte Andreas, und sie fuhren los.

Ohne in der Waldschenke die obligate Rast einzulegen, besetzten die beiden jungen Jäger bald eine Kanzel am Rande einer kleinen Lichtung.

„Wenn hier vor dem nahenden Wetterumschwung kein Reh auszieht, zieht heute abend nirgendwo eines aus!"

Andreas Stecher freute diese positive Aussage seines Freundes, denn der wildbretsüchtigen Führungsspitze sollte – um des lieben Friedens willen – geholfen werden.

„Gut, daß wir ein Dach über dem Kopf haben, bald wird sich nämlich über der Normandie ein Landregen breitmachen", flüsterte René, und seine Prophezeiung sollte rasch in Erfüllung gehen.

Kurz bevor der Tango losbrach, aufkommende Stürme die schweren Regenwolken herantrieben, trat unweit der Kanzel ein Reh aus der Deckung. Die gewünschte Geiß! Das lief ja wie am Schnürchen. Trotz dringender Wildbretsorgen entschloß sich Andreas nicht sofort zum Schuß. Er war zu Beginn seiner waidmännischen Laufbahn durch eine gute Schule gegangen, schoß nie eine Geiß vom Kitz weg und wußte sehr wohl, daß um diese Zeit Geiß und Kitz manchmal schon kurz getrennte Wege gehen. Auch das Gesäuge gibt im Spätherbst längst keinen Aufschluß mehr über eine etwaige Mutterschaft. Also noch ein wenig warten. Kitzgeiß wollte er der gefräßigen Bullen wegen keine schießen.

Auch René teilte die Meinung seines Freundes voll und ganz. Doch als die Geiß keine Anstalten machte einzuziehen und die ersten großen Tropfen auf das Kanzeldach klatschten, krümmte Andreas den Finger. Das Reh blieb gut erkennbar am Waldrand im Feuer.

Es hatte tatsächlich den Anschein, der Schuß löste einen Wolkenbruch aus. Das ganze Weltmeer schien sich über den beiden Freunden auszuschütten. Wohin sie schauten, alles tropfte und rann. Jeder Baum sein eigener Wasserfall, in den Kaskaden konnte die Welt ersaufen. Nicht der dünnste Pieps eines Vogels ließ sich hören, nur das einschläfernde Trommeln und Klopfen schwerer Tropfen auf das Dach der Reviereinrichtung.

Die beiden jungen Jäger blieben sitzen, erhofften sich ein Nachlassen der Regengüsse. René versuchte, mit leisen, launigen Sprüchen die Tristesse zu vertreiben. Es sollte ihm nicht gelingen.

Doch wie das schon so ist! Übergangslos knisterten den Freunden die Haare auf den Köpfen; bei der gestreckten Rehgeiß stand eine – Wildsau! Offensichtlich ein Überläufer, ein Einzelgänger. Oder steckte seine Rotte noch in der Dickung? Das wußten allein die Götter, und die sagten kein Wort. Als die Sau wenig später den Wurf senkte, um möglicherweise die Geiß anzuschneiden, flüsterte René: „Schießen!"

Der Schwarzkittel quittierte die Kugel aus Andreas' Büchse mit einer mächtigen Flucht über das Reh hinweg und tauchte wie ein Schemen in den Eichenwald.

Die auch den Regen übertönende Todesfahrt war kurz, und die Freude der Freunde um so größer. Wer hätte das gedacht! Mit Begeisterung nahmen sie einen herzhaften Schluck aus dem Fläschchen, das René aus der geheimnisvollen Tiefe seiner Jagdtasche holte. Wie herrlich doch ein echter französischer Cognac munden kann, wenn ein gestreckter Schwarzkittel in der nahen Dickung auf den Jäger wartet!

Dennoch zehrte das Warten kräftig an Andreas' Nerven. Endlich tappten sie in den nicht versiegenden Regenguß hinaus.

Kaum in Schrotschußweite im Hochholz fanden sie den Überläufer, und es regnete, regnete und ... regnete! Nach der roten Arbeit an Reh und Wildschwein gab es zwei bis auf die Haut durchnäßte Grünröcke.

Froh darüber, an jenem Tag nicht die Beiwagenmaschine benutzt zu haben, gingen sie durch den stockfinsteren Wald, um den alten Kübelwagen zu holen.

Schon wuchteten die Konturen des am Waldrand abgestellten Militärfahrzeuges aus der Finsternis, da vernahmen die Freunde – vor allem die Luchsohren Renés – das metallene Durchladegeräusch einiger Gewehre. Der kleine Franzose rief geistesgegenwärtig seinen vollen Namen in die Dunkelheit, befahl Andreas stehenzubleiben und verschwand ohne zu zögern im nachtschwarzen Wald.

Stechers Herz klopfte, als wollte es die Brust sprengen. Er stand mit dem Rücken an einer unsichtbaren Wand und spürte deutlich die drohende Gefahr, in der er sich im Augenblick befand. Viele deutsche Soldaten hatte in den Wäldern der Normandie der Erdboden verschluckt, ohne auch nur die geringsten Spuren zu hinterlassen. Keine Frage, die beiden ungleichen Freunde befanden sich in den Klauen der Résistance.

Unglaublich rasch kam René, der Vertraute des Marquis, wieder aus der Düsterkeit des Waldes und tat, als wäre nichts geschehen. Seine Wortkargheit in solchen und ähnlich gelagerten Situationen mußte Andreas Stecher ganz einfach unwidersprochen hinnehmen. Das Düstere und das Heitere lagen für ihn in jenen Tagen ganz eng beisammen. Damit hatte er sich abzufinden, wollte er auch weiterhin seiner Passion, der Jagd, in Frankreich frönen.

Stecher fühlte aber auch sehr deutlich, daß es hoch an der Zeit war, Ordnung in die Wirrnis seiner Gefühle zu bringen. Doch daran hinderte ihn immer wieder der kleine, kauzige Franzose, in dessen Begleitung er sich völlig sicher fühlte.

Der anhaltende Regensturm ließ die Lichter der spärlichen Straßenbeleuchtung gespenstig tanzen, als die Freunde mit dem Wagen, in dem sich Wildsau und Reh befanden, das Militärlager erreichten.

Der „Alte", Stechers unmittelbarer Vorgesetzter, gehörte zu jenen Soldaten, die ständig an der Flasche hingen. Alle seine Untergebenen wußten davon ein Lied zu singen, und Goethes Wort „Himmelhoch jauchzend, zu Tode betrübt" paßte für den Schluckspecht wie ein maßgeschneiderter Anzug.

Kaum hatte der Major von der überraschend großen Wildlieferung erfahren, überschüttete er Andreas Stecher mit Lob und Anerkennung. Der wiederum ließ es mit sich geschehen, da es ein völlig natürliches Bestreben jedes Menschen ist, aus einer gegebenen Situation für sich das Beste herauszuholen. Natürlich mußten die Lobgesänge des Trinkers erst einmal ertragen werden, doch der junge, passionierte Jäger dachte während dieser unangenehmen Prozedur schon an künftige Jagdzüge mit seinem unvergleichlichen, kauzigen René und an die glücklichen Stunden in der Waldschenke wie auch im Schloß des Marquis.

Von Kopf bis Fuß auf Jagd eingestellt, fuhr Andreas Stecher zum gespenstigen Renaissanceschloß. Nach herzlichem Empfang durch den Herrn des Hauses herrschte spürbare Freude auf beiden Seiten.

Der Gutsherr wollte an jenem Tag sein gegebenes Wort einlösen und Andreas auf einen Hirsch zu Schuß bringen. Auf einen Geweihten – von René übrigens bombensicher bestätigt –, dessen Erlegung dem jungen Jäger Dankbarkeit und Verbundenheit ausdrücken sollte.

Eine weitere Überraschung gelang dem Adeligen mit dem Erscheinen Ninons, die jagdlich gekleidet plötzlich vor Andreas stand, um die geplante Pirschfahrt mitzumachen. Schönheit und Anmut der jungen Französin überwältigten Stecher von Mal zu Mal. Die traumhafte Figur mit üppiger Oberweite, enger Taille, runden Hüften und immens langen Beinen mußten einem Mann den Kopf verdrehen!

Auch diesmal brachte ein Pferdegespann, das der uralte Kutscher – der Dionysos, dem Gott des Weines, sehr ähnelte – wortlos und mit stoischer Ruhe lenkte, in die nahen, unendlichen Laubwälder.

Der Roßknecht, der offensichtlich mit den Pferden lebte, aß und schlief, hatte immer das beißende Ammoniak des Pferdewassers in der Kleidung. Saßen oder standen Ninon und Andreas – beide liebten den Alten über alles – in seiner Nähe, kamen ihnen oft die Tränen, so biß die Ausdünstung der Pferde in ihren Augen.

Herbstliche Farben blendeten, von der tiefstehenden Abendsonne beleuchtet, die Augen der kleinen jagdlichen Crew. Stecher, den seit Jugend die Schönheiten der Natur faszinierten, genoß in vollen Zügen die Tage in der Normandie. „Traum oder Wirklichkeit?" dachte der junge, verliebte Soldat und seine Finger umspannten mit festem Druck die zwischen seinen Beinen stehende Büchse. Sein Blick versank dabei in den blauen Augen Ninons, die ihm gegenübersaß.

Trotz dieser glücklichen Momente überkam Andreas Stecher in jener Zeit immer wieder das unangenehme Gefühl, von unsichtbaren Augen verfolgt zu werden. Und das seit dem nächtlichen Zwischenfall mit den Leuten der Résistance, den René so kaltblütig zu lösen wußte. Der kleine Franzose schien manchmal ein Zauderer, doch bei Gefahr, in schwierigen Situationen – so auch beim Jagen – zeigte er immer den sicheren Instinkt zum Handeln, verlor nie die Fassung. Keine Frage: Ohne sein Käuzchen wäre er in jener Nacht zweifellos ein toter Mann gewesen, das fühlte Andreas wie die tiefe Freude am Leben, die wohl nur jener hat, der dem Tod ganz nahe stand.

Unweit eines großen Schlages, den Andreas Stecher von unzähligen Pirschgängen mit René her kannte, hielt Dionysos den Wagen an, und der Marquis führte die kleine Jagdgesellschaft zu einer nahen, geräumigen Kanzel, die drei Personen genügend Platz bot. (Ninon und Andreas wären auch mit engeren Sitzverhältnissen spielend zurechtgekommen!)

Der Gutsherr verwies Andreas auf die linke untere Ecke des Schlaggevierts, wo das Brunftrudel mit einem alten Zwölfender austreten sollte.

Bislang herrschte Stille in den umliegenden Wäldern, doch mit dem ersten Brunftschrei begann ein flottes Konzert. Drei gute Stimmen versetzten die Herzen der Jäger in Schwingung, nur der alte Platzhirsch gab keinen Ton von sich.

„Wo man nicht ist, schreien immer die Hirsche", flüsterte der Marquis, aber noch leuchtete Zuversicht aus seinen Augen. Allmählich wurde das Gesicht des Jagdherrn jedoch länger und länger, sein Blick ruhelos. Sollte sich etwa der schöne Traum vom „bombensicher" bestätigten Geweihten als Schimäre entpuppen ...? Nicht, wenn René seine Hände mit im Spiel hatte! Der kauzige Zwerg wußte genau, was er sagte, wovon sich Andreas Stecher schon wiederholt überzeugen konnte.

Den kleinen Franzosen hatte ganz sicher noch niemand ausgelotet. Oft schien es, als würde René plötzlich die Genialität wie ein Keulenschlag treffen, als würden tausend Gedanken und Ideen auf ihn einstürmen. Es schien in solchen Augenblicken, als wolle er mit seinem Wissen die Welt aus den Angeln heben. Seine Tätigkeit im Schloß bedeutete für René den Inbegriff des Glücks. Ein dem Schicksal abgerungenes Glück, das Käuzchen in vielen Situationen des Lebens half, seine Zwerghaftigkeit zu vergessen.

Andreas konnte sich mit einem Male des Eindrucks nicht erwehren, daß René irgendwo in der Nähe steckte und auf seinen „Auftritt" wartete. Ein Jagdzug in den Wäldern des Marquis ohne René? Nein, das konnte nicht sein.

Und in all diese Überlegungen auf einmal ein dumpfer, dröhnender Schrei.

Was für eine gewaltige Stimme!

Der Platzhirsch kündete sein Kommen an. Genau an der vom Gutsherrn bezeichneten Stelle trat wenig später Hochwild aus. Ein starkes Rudel und inmitten der alte Zwölfer, jeder Zoll ein König. Alle Jagdhüte schienen in Brand zu geraten!

Andreas Stecher, bis nun ganz im Banne Ninons, überschwappte schlagartig eine zweite gefühlsbetonte Welle. Er wußte, jetzt durfte es keinen Fehlschuß geben, und die Entfernung zum Hirsch lag – über zweihundert Meter! Ein kniffliger Schuß, der gelingen mußte.

Allmählich begann das Licht zu verfallen, und der Marquis mahnte Andreas, den Schuß zu wagen. Es dauerte, der Zwölfer bewegte sich fortwährend. Immer wieder mußte er die lästigen Beihirsche in die Schranken weisen, oder der Pascha stand inmitten seines Rudels. Endlich zeigte er röhrend Blatt, und Andreas ließ fliegen.

Untrügliches Schußzeichen, Andreas' Herz jubelte!

Nach wenigen Fluchten verendete der Hirsch noch im auslaufenden Echo des Knalles, und das Brunftrudel preschte in die Deckung. Alle hatten das Gefühl, es wäre ein Bild von der Wand gefallen.

Als plötzlich auch René, wie aus dem Zylinder gezaubert unter der Kanzel stand, hing für Andreas der Himmel über den Laubwäldern der Normandie voller Geigen. Er hatte es gespürt, ohne Käuzchen wäre dieses Jagen doch nicht vollständig gewesen.

Ohne Hast, als wollten sie den König der Wälder nicht stören, traten sie näher und versanken zunächst im andächtigen Schauen.

„Wer sein Wild hegt und liebt, kann es nur in Würde aus den Händen der Natur empfangen", sagte der Jagdherr fast feierlich und fügte dann, an Andreas gewandt, hinzu: „ Hoffen wir, daß bald wieder Friede zwischen unseren Völkern herrscht und der unselige Krieg ein Ende findet."

Nach Aufbrechen und Verblenden des Hirsches – Sauen und Rotröcken durfte man nicht trauen –, fröhliche Rückfahrt zum Schloß. Dort erlebte Andreas Stecher wieder eine familiäre Hirschfeier, die, wie vor wenigen Tagen, tief in die Nacht hinein andauerte.

Das Klingen der Champagnergläser mischte sich mit dem Prasseln des lodernden offenen Kaminfeuers und den übermütigen Worten glücklicher Menschen. Der junge Soldat aus einem fernen Land durfte die beschwingten Stunden ohne bitteren Beigeschmack genießen, da er, nach der kürzlich erfolgten Lieferung von Wildbret an seine Vorgesetzten, von diesen im Augenblick keine Repressalien zu befürchten hatte. Doch das konnte sich rasch ändern.

Total aus dem Häuschen, völlig ausgeflippt, kam René in die Kaserne, stürmte in das Zimmer seine Freundes und fiel mit der Tür ins Haus: „Im Revier des Marquis fährtet sich ein kapitales Wildschwein. Hab' so ein Trittsiegel noch nie gesehen, weder in natura noch auf Papier … ein Wahnsinn!"

„Möglicherweise ‚Glotzauges' Stiefelabdruck", erwiderte Andreas Stecher mit todernster Miene und brach dann übergangslos in wieherndes Lachen aus.

„Rede keinen Unsinn, mir läuft jetzt noch ein kalter Schauder über den Rücken, wenn ich an die ungewöhnliche Saufährte denke. Dachte zunächst, es wäre das Trittsiegel eines Hirsches. Doch welch ein Irrtum! Ein Hauptschwein macht urplötzlich unsere Wälder zu einem jagdlichen Paradies. Wahrscheinlich ist der Basse hinter einer rauschigen Bache her." René hatte einfach Vergnügen daran, große Träume zu träumen.

„Dem Keiler sollten wir so schnell wie möglich an die rauhe Schwarte, bevor etwas ruchbar wird", meinte Andreas Stecher, und seine Augen funkelten vor Unternehmungslust und Jagdleidenschaft.

„Du hast recht, wenn erst einmal ‚Glotzauge' und Konsorten von dem Hauptschwein Kenntnis erlangen, verstänkern sie den Wald und unsere Chancen sind gleich Null", meinte René tiefsinnig.

Damit war für die beiden die Jagd auf den Bassen eine beschlossene Sache. Was hätte schon eine begehrlichere Abwechslung in ihr monotones Jagdgeschehen bringen können als mächtige Trittsiegel eines wehrhaften, urigen Wildes ...?

Bereits in der kommenden Nacht saßen die beiden ungleichen Freunde bei Halbmond in den unendlichen Wäldern des Marquis, ihres Gönners. Stecher bezog eine alte Kanzel am Rande einer kleinen Waldlichtung, auf der sein Freund neben einem Wasserloch, das vom Schwarzwild gerne angenommen wurde, einen altgewohnten Kirrplatz frisch beschickt hatte. René bestieg in allernächster Nähe im Holz an einer breiten Allee einen provisorischen Leitersitz. Er wollte seinen Freund nicht ungeschützt den französischen Widerstandskämpfern – mit unliebsamen Vorfällen mußte immer gerechnet werden – preisgeben.

In gespannter Erwartung phantasierte Andreas Stecher der schon greifbaren Geisterstunde entgegen: „Die Stille ist wie ein riesiges Haus, in dem sich leben, essen und träumen läßt", spann der junge Jäger seine Gedanken, und Morpheus' Arme griffen nach ihm. Doch plötzlich ging hinter der Kanzel im Holz ein schwerer Ast in Brüche. Stechers Herz klopfte wild im Hals. Mensch oder Tier?

Leute des französischen Widerstandes? Ein Spähtrupp aus den eigenen Reihen? Der Basse, möglicherweise auf dem Wechsel zur Suhle, um ein erfrischendes Bad zu nehmen? Hochzeitsfahrten mit rauschigen Bachen mögen manchmal sehr schweißtreibend sein! Gespanntes Warten mit entsicherter Büchse und gespitzten Ohren. Was mochte da wohl auf Füßen oder Läufen sein …?

Es kam leider nur René wie ein Geist en miniature angeschlichen und berichtete im Flüsterton, daß der Wald mit einem Male voll von Männern der Résistance sei. Eine plötzlich angesagte Übung, von der man auch im Schloß nichts wußte oder vergessen hatte, es dem Jäger mitzuteilen.

„Morgen, wenn die Luft hier rein ist, werden wir wieder unsere Hochsitze beziehen“, meinte René. Und Andreas antwortete: „Da mag das Hauptschwein vielleicht schon über alle Berge sein.“ René zuckte nur mit den Achseln.

Vorsichtig zogen sie sich zurück und erreichten ungehindert das Geisterschloß ihres Gönners, wo sie ihr Fahrzeug abgestellt hatten.

Ein Nachtfalter suchte seinen Tod und stieß immer wieder, nach kurzen, kurvenden Flügen an eine strahlende Gartenlaterne. Als er endlich ermattet zu Boden stürzte, nahm René den flatternden Selbstmörder auf und trug ihn in die nachtschlafende Dunkelheit des Parks.

Als der Wagen langsam über die glitzernde Kiesstraße rollte, meinte Andreas: „René, du bist schlau wie eine Schlange, wild wie ein Löwe und, wenn es sein muß, sanft wie eine Taube. Wie schaffst du das alles?“

„Andreas, ich weiß es nicht. Vielleicht ist es meine geringe Größe, die mich wahlweise Schlange, Löwe oder Taube sein läßt“, erwiderte der kauzige Zwerg. Und sie fuhren wortlos in die Nacht hinein.

Nach seiner Rückkehr ins Lager ging Andreas Stecher ins Offizierskasino, da er nach dem langen Nachtansitz auf Sauen unbändigen Hunger und Durst verspürte.

Der erste, den er ins Visier bekam, mußte ausgerechnet der weinselige „Alte“ sein. Er wiegte seine durchweichten Sinne im Rhythmus der aus dem Lautsprecher brüllenden Militärmusik.

„Glotzauge“ hielt sich mit einer Hand am Weißweinbecher fest, mit der anderen fuchtelte er wild in der Luft herum, um seinen haarsträubenden Erzählungen Nachdruck zu verleihen. Als er Andreas Stecher erspähte, rief er ihm zu: „Na, Kleiner, haben dich deine französischen Ärsche wieder einmal übers Ohr gehauen? Ha, ha, ha, wo bleibt das Wildbret?“

In Stechers Gesicht stieg Röte und er erwiderte mit klarer Stimme: „Mich haut niemand übers Ohr, vor allem keine Franzosen, Herr General.“

„Schau, schau, wie mutig der Kleine", sprach's, soff seinen Becher leer und verließ unsicheren Schrittes die Messe.

„Wenn du deine Schnauze nicht zügeln kannst, wirst du bald den russischen Bären jagen", lallte der „Alte" und wankte ebenfalls durch die offene Tür ins Freie.

Stecher erkannte sofort seinen Fehler und fluchte leise vor sich hin. Selbstvorwürfe hatten wenig Sinn, den Rat des „Alten" mußte er befolgen. Das Saufen schien im Krieg für so manchen Landser ein militärisches Schicksal zu sein, wobei sich das Labyrinth menschlicher Tiefen als schier unergründlich erweist, dachte Stecher und machte sich heißhungrig über den kalten Imbiß her. Er fühlte während seiner späten Mahlzeit sehr deutlich, daß für ihn dieses Hickhack mit den Vorgesetzten zu Hindernisläufen über unüberwindliche Wassergräben führen könnte. Das Duell mit „Glotzauge" hatte ja bereits eine äußerst kritische Phase erreicht. Vielleicht konnte er sich mit einer baldigen Wildbretlieferung doch noch einmal aus diesem Schlamassel ziehen.

Die nächste Nacht sah die beiden Freunde abermals in den Wäldern des Marquis. Nach einigen schönen Spätherbsttagen nahm die Kälte plötzlich Besitz von dem Landstrich, und die beiden jungen Jäger froren jämmerlich, da sie keine wintertaugliche Kleidung trugen.

Licht und Dunkel lösten einander ab, da immer wieder ziehende Wolken den strahlenden Mond bedeckten. Dafür schien der Wald menschenleer, frei von Untergrundkämpfern. „Was die Leute wohl immer so trieben?" sinnierte Stecher und dachte wegen der herrschenden Kälte bereits an Ruckzug.

Es fehlte tatsächlich nicht mehr viel und er hätte René das vereinbarte Zeichen zum Abbaumen gegeben, als es im Unterholz des Eichenwaldes rauschte und prasselte. Und wiederum stellte er sich die Frage: Mensch oder Tier?

Schlagartig keine Spur mehr von einem Kältegefühl in Stechers Körper. Und als im nächsten Augenblick zwischen Suhle und Kirrplatz ein riesiges Wildschwein stand, fühlte der junge Grünrock Wärme in seinem Inneren aufsteigen, der Adrenalinspiegel schnellte in die Höhe.

Erlag er einem Trugschluß, narrten ihn Halluzinationen …? Nein, da unten stand in der Tat ein Kasten von einer Wildsau. Das durfte nicht wahr sein!

Der Jäger, allein wegen Frosts und Eishauches völlig unvorbereitet für den überraschenden Auftritt des Bassen, der, keine Frage, der von René beschriebene Keiler sein mußte, verlor fast sein seelisches Gleichgewicht. Jetzt nur keinen Fehler! Unendlich langsam schälte sich der bibbernde Grünrock aus seinem bis oben hin zugeknöpften Umhang. Vorsichtig tasteten dann seine Hände nach der total vernachlässigten Büchse, die in einer Ecke der Kanzel stand und noch lautlos entsichert werden mußte.

Alles gelang unter Hochspannung, und das Hauptschwein stand noch immer wie eine mächtige Skulptur kaum eine Schrotschußweite von der Kanzel entfernt auf der kleinen, mondbeschienenen Lichtung und konnte sich weder für Bad noch Fraß entscheiden. So schien es zumindest.

Im Zeitlupentempo schob der Jäger in Uniform sein Feuerrohr über die Brüstung der Kanzel und bettete den Schaft in die feuchte linke Hand. Schon näherte sich das Absehen dem massigen Wildkörper, da verdunkelte eine Wolke das strahlende Mondgesicht. Bevor die Schatten völlig nach der kleinen Waldlichtung griffen, konnte Andreas Stecher – so meinte er zumindest – das Fadenkreuz im Leben des Wildschweines fixieren.

Feuerblitz, dröhnender Knall, der René fast von seiner Leiter gefegt hätte.

Frei werdende Urkräfte verursachten im krachdürren Unterholz einen Höllenspektakel. Der Schütze horchte mit offenem Mund, doch die Geräusche der wegbrechenden Wildsau wollten kein alle Zweifel ausschließendes Ende finden und verloren sich in der Ferne des nachtschlafenden Waldes. Andreas Stecher, völlig konsterniert, konnte sich keinen Reim darauf machen.

Die Wolke etwa ...?

Als wieder Mondlicht den Schatten verdrängte, sprang René, den dumpfen Kugelschlag noch immer im Ohr, wie ein Wirbelwind daher und erklomm katzenhaft die Leiter.

„War's die große?"

Andreas nickte.

„Liegt sie?"

Andreas zuckte die Achseln: „Bin gut abgekommen, obwohl sich gerade eine Wolke vor den Mond schob."

René setzte ein spitzbübisches Lächeln auf und fragte grinsend: „Kann man auf so geringe Entfernung überhaupt danebenschießen?"

Andreas Stecher antwortete nur mit einem grunzenden „Mmm“.

Bald machte sich der Frosthauch wieder unliebsam bemerkbar, und die beiden Freunde freuten sich, aufbrechen zu können.

Am Anschuß, zwischen Suhle und Kirrplatz, standen Ausrisse wie von einem Hirsch, doch weit und breit kein Tröpfen Schweiß zu finden. Trotz intensiver Suche fanden sie keinen Spritzer Rot auf den Gräsern der kleinen Lichtung. Allmählich nahm Andreas' Gesicht versteinerte Züge an. Der Trost seines Freundes konnte keine Hilfe bringen.

Der von seinem Beruf besessene René mußte in diesem Fall auf die Nachsuche mit dem Licht einer Taschenlampe verzichten. Ein unliebsames Zusammentreffen mit Spähtrupps von „hüben und drüben“ ließ sich nicht ausschließen. Die Nächte damals gehörten zur Welt der Ungewißheit, der Geister – des Todes. Wer sich nächtens ungeschützt in die Wälder der Normandie wagte, mußte mit allem rechnen.

Also zurück ins Lager, wo Andreas Stecher in den verbleibenden Nachtstunden keine Ruhe fand.

Schon der erste Lichtschein des neues Tages sah die beiden Freunde abermals am Anschuß. Ein Hund des Marquis sollte Hilfe bei der bevorstehenden Nachsuche leisten.

Der glatthaarige Foxterrier faselte auch nicht lange und zeigte René genau, wo's langging. Bald verwies das Temperamentbündel von einem Hund die ersten Schweißspritzer. Andreas Stechers Herz jubelte. Dunkler Schweiß, was mochte er bringen ...?

Als sich wenig später Mageninhalt in der Schweißfährte fand, wußten die unter Spannung stehenden Jäger mehr, doch gottlob noch nicht alles.

Nach einiger Zeit verwies der Hund ein vielsagendes Wundbett. Starke Krankwittrung strömte den Freunden beißend in die Nase. Keine Frage, dieses Schweißbett hatte das Wildschwein erst vor kurzem verlassen. Flüsternde, knappe Besprechung, dann schnallte René den Terrier, der wie ein Torpedo abging.

Gespanntes, quälendes Lauschen. Endlich aus einiger Entfernung der giftige Hals des mutigen Hundes. Nun ging auch René ab wie der Blitz, und Andreas mußte sich sputen, um seinem kleinen Freund auf den Fersen zu bleiben. Schon nach einigen bangen Minuten, die mit zum Wahnsinn treibender Langsamkeit verrannen, erlösender Standlaut!

Himmlische Musik in den Ohren der von Passion getriebenen Jäger!

Bald sahen sie im mystischen Zwielicht des werdenden Tages Hund und Wildschwein im ständig kreisenden Todestanz. Der Terrier machte seine Sache vortrefflich und ließ den schwerkranken Bassen keinen Augenblick zur Ruhe kommen. Um den treuen Helfer nicht zu gefährden, mußten die Freunde auf die Abgabe eines Schusses verzichten.

Überraschend setzte sich das Hauptschwein ruckartig und offenbar mühsam abermals in Bewegung, der kleine tapfere Hund mit hellem Hals hinterher.

Was für ein aufwühlender Kampf auf Biegen oder Brechen!

Alsbald von neuem wohlklingender Standlaut. René deutete seinem Freund zurückzubleiben und tauchte in eine lockere Dickung, in der Sau und Hund steckten.

Andreas Stecher hätten keine zehn Pferde an Ort und Stelle bannen können. Rasch nahm auch er die schüttere Eichenjugend an und sah nach einem Donnerschlag Käuzchen wie einen Federball durch die Luft wirbeln. Dem jungen Soldaten stockte der Atem. „Mein Gott“, kam es erstickend über seine Lippen.

Unglaublich das in Sekundenschnelle über die Bühne des Lebens gehende Geschehen.

Der riesige Basse, von René auf kürzeste Entfernung tödlich getroffen, hatte gerade noch soviel Leben und Fahrt, den kleinen Franzosen über den Haufen zu rennen.

Andreas Stecher stand noch immer wie geschockt. Erst als er sah, daß sein Freund unverletzt aus dem Dürrlaub krabbelte und nach seiner Büchse griff, fiel die Starre von ihm. Andreas holte tief Luft und kämpfte hoffnungslos darum, seine Gefühle zu beherrschen. Tränen stiegen ihm in die Augen, aber er schämte sich ihrer nicht. Er lief mit großen Sprüngen zu René hin, küßte ihn auf beide Wangen, derweilen das Hauptschwein zum letzten Mal sein mächtiges Gewaff geräuschvoll wetzte. Schaurig!

Andreas Stecher sah weit und breit keinen besseren Freund als diesen kleinen, kauzigen Franzosen – in dessen Gesicht noch immer kreidebleiche Blässe stand –, der auch bereit gewesen wäre, für ihn durch das Feuer der Hölle zu gehen.

In der Kaserne brach in den Kreisen der Gourmands und Gourmets Jubel aus, als das kapitale Wildschwein seinen Bestimmungsort erreichte. In „Glotzauges“ Gesicht stand ewig Winter, am liebsten hätte er Gift

K.P. Reif

K.-P. Reif

und Galle gespuckt. Doch beim Anblick des urigen Schwarzkittels glätteten sich die finsteren Züge, und durch das Einglas schossen Freudenblitze.

Andreas Stecher fühlte sich erleichtert. Wahrscheinlich gab es eine Schnaufpause in der auf ihn angesetzten Hetzjagd. Der widerliche Monokelträger verbreitete unter den Soldaten Angst und Schrecken, jeder, der nicht nach seiner Pfeife tanzte, mußte bangen, daß er ihm die Tür nach dem Osten aufstieß.

Die Erlegung des urigen, wehrhaften Wildes wurde im Schloß des Jagdherrn mit großen Ritualen gefeiert.

Beim Anblick der auf die wenigen geladenen Gäste wartenden kalten Speisen verschlug es Andreas Stecher den Atem.

Eine Tafel wie anno Biedermeier!

„So mußten sich zu dieser Zeit in den Häusern wohlsituierter Bürger und besonders an den Tafeln der Adeligen die Tische unter den prachtvoll aufgebauten Gerichten gebogen haben“, sagte Stecher zu René. Und dieser meinte: „Der Marquis will damit zweifellos seine Verbundenheit mit den geladenen Gästen zum Ausdruck bringen und vor allem zeigen, wie sehr er dich mag.“

Aber auch die Vielfalt erlesener Weine und ausgesuchter Spirituosen französischer Provenienz sah Stecher im Schloß des Marquis zum ersten Mal in seinem jungen Leben. Da gab es Köstlichkeiten, von denen der junge Soldat vormals nicht einmal zu träumen wagte …

Selbstredend liebte Stecher auch die bodenständige Küche vom ersten Tag an. Besonders an den Gerichten, die vom Herd in der Waldschenke kamen, delektierte er sich zur Freude Ninons und deren Mutter. Das begann schon mit den kleinen Köstlichkeiten, die vor den eigentlichen Vorspeisen noch auf den Tisch kamen und in denen sich die Phantasie eines genußfreudigen Landstrichs austobte. Auch in dem verträumten Waldgasthaus gab es ausgesuchte Weine, erlesenen, bodenständigen Rebensaft vom Feinsten.

Oft und gerne ließen hier Andreas und René einen Jagdtag ausklingen, verbrachten einen Abend in honoriger Gesellschaft eines rubinrot funkelnden Weines, der in fremden Ländern die Funktion eines unwiderstehlichen französischen Botschafters auszuüben hatte. Daß Andreas dabei die Nähe seiner Geliebten suchte, störte René in keiner Weise. Er genoß es vielmehr, seine Freundschaft beiden zu schenken.

In den Augen der ungleichen Freunde fanden sich Zustimmung und Freude, wenn der Marquis an den Tagen seiner Anwesenheit in der Waldschenke nach seiner amourösen Stunde zu ihnen stieß und von längst versunkenen Jagdabenteuern berichtete.

Der sympathische adelige Gutsherr wußte von Mal zu Mal die beiden jungen Grünröcke mit spannenden Erzählungen zu begeistern. Manches speicherte Andreas Stecher in seinem Gedächtnis und konnte es Jahrzehnte danach abrufen …

„Keine Frage: Auch Unglaubliches gab es in meinem früheren jagdlichen Dasein. Allein mit Erinnerungen an Pierre, den Jäger aus Vaters Erbe, könnte man dicke Wälzer füllen. Ein Vollblutjäger, bekannt aber auch durch seine schrulligen Purzelbäume, die er periodisch zum Schrecken oder Gaudium seiner Umwelt schlug", sagte der großartige Erzähler, holte tief Atem und setzte fort: „An einem frostigen, nebelgrauen Wintertag, aus dem Brunnen im Schloßhof wollte nur noch ein Faden Wasser träge rinnen, meldete mir Pierre auf seine theatralische Art, daß sich eine Rotte starker Wildschweine in einer schloßnahen Dickung eingeschoben hatte. Das Fährtenbild sprach angeblich Bände, besonders das Trittsiegel einer Sau brachte Pierre vollends aus dem Häuschen.

‚Herr Marquis, ein Tritt wie von einem Hirsch', stammelte der Jäger, und die Spitzen seines Schnurrbartes zitterten wie Espenlaub", sagte der Gutsherr und fuhr schmunzelnd in seiner Erzählung fort.

„Pierre genoß absolute Narrenfreiheit im Schloß und lebte nach dem Motto, frei ist der, dem nichts gehört als die Einsamkeit. Er verschwand manchmal tagelang in unseren Wäldern, doch wenn er auftauchte, wußte er sich jedesmal mit interessanten Neuigkeiten und Beobachtungen in Szene zu setzen.

Mit einigen im Schloß weilenden Gästen konnte ich damals eine kleine Jagdgesellschaft zusammentrommeln. Pierre zeigte sich damit vollauf zufrieden.

Wie man die Wahrheit relativiert, verschleiert oder redend verschweigt, darin stellte sich der Jäger seit eh und je als Meister dar! So sagte er mir damals zum Beispiel mit keinem Mucks, daß die von ihm ausgemachten Sauen in einer riesigen Eichenjugend steckten und man mit nur fünf Gewehren auf verlorenem Posten stand. Bald stellte ich auch fest, daß die vorhandene kleine Treiberwehr für den großen Trieb nicht ausreichen konnte.

Doch Pierre bedachte meine Skepsis nur mit einem müden Lächeln, setzte starrsinnig seinen Willen durch und war obendrein vom Erfolg der bevorstehenden Wildschweinjagd felsenfest überzeugt.

Na schön, das ‚Sausterben' konnte beginnen", sagte der Marquis gut gelaunt, nahm einen Schluck vom vorzüglichen Chateau Romefort und erzählte lächelnd weiter:

„Pierre meinte nur, er werde die Schützen dort anstellen, wo die Schwarzkittel die Deckung verlassen, sprach's und machte sich mit den wenigen Jagdgästen auf den Weg. Vorher hatte er ihnen jedoch noch strengstes Stillschweigen aufgetragen.

Ich beschreibe den Jäger in allen Einzelheiten, damit ihr seine kauzige Art einigermaßen erkennen könnt. Pierre, wahrhaftig ein drolliger Bursche!

Ich kann mich an den Jagdtag, obwohl er schon Jahrzehnte zurückliegt, genau erinnern. Am Morgen hing Nebel über den Wäldern, doch während Pierre die Schützen anstellte, durchstießen plötzlich die Strahlen der Sonne den wallenden Brodem, und das Licht feierte im rauhreifbehangenen Geäst berauschende Orgien. Eine Bärensache, obwohl es auf Sauen ging!

Ich bezog an jenem Tag als erster am Rückwechsel einen vortrefflichen Stand. Pierre postierte mich an einer grabenähnlichen Mulde. Hier gab es für mich verhältnismäßig guten Einblick in die junge Eichendickung und auch gutes Schußfeld nach beiden Seiten hin.

Der würzige Atem des Waldes, in dem die warme Mittagssonne den üppigen Rauhreif zum Schmelzen brachte, ließ erste Frühlingsgefühle wach werden. In einem fort rieselten die weißen Kristalle aus den Kronen der Eichen ins Dürrlaub. Es klang wie Gemurmel der Waldgeister. Wollten sie am Ende gar den Schwarzkitteln zuraunen, auf leisen Schalen das Weite zu suchen ...? Fragen, die bald eine Antwort finden mußten.

Ich fragte mich, ob es überhaupt einen Glücklichen geben wird, der das Hauptschwein in Anblick bekommt. Die großen Abstände zwischen den Schützen stimmten mich noch immer nicht sehr zuversichtlich.

Endlich hatte Pierre seine Anstellrunde absolviert und gesellte sich zu mir. Theatralisch stieß er in sein Horn, um die wartende Treiberwehr in Bewegung zu setzen. Das Sauenspektakel – ich bezweifelte noch immer, daß es eines geben würde – konnte beginnen.

Warten. Nach langer Zeit vernahmen wir endlich das Läutwerk der Treiber, die Spannung stieg, die Waldgeister verließen meinen Kopf. Bei jedem neuen Schneegeriesel vermutete ich das Anwechseln des urigen Wildes.

Klopfen, Schreie kamen näher. Übergangslos wildes Brechen vor uns in der Dickung, doch Pierre schüttelte nur den Kopf. Ein Sprung Rehe, Geiß, Kitz und ein Schmalreh, flüchtete hart neben uns aus der Deckung. Wie vortrefflich es die Alten nur verstehen, ihren Nachwuchs aus dem Gefahrenbereich zu führen, dachte ich ... und das Schweinevolk blieb aus.

Konnten die Sauen doch irgendwo unbemerkt das Treiben verlassen? Mich sollte dies nicht wundern", meinte der Gutsherr und nahm einen genüßlichen, tiefen Schluck aus seinem Glas.

„Es fiel kein Schuß, weder vorne noch an den Flanken des Eichengevierts. Nur Rauhreif rieselte unentwegt aus den Bäumen. Doch mit einem Male geisterte vor uns im Gewirr des Strauchwerks ein dunkler Schatten, versank, tauchte wieder auf und kam langsam lautlos näher.

Das Hauptschwein, schoß es mir durch den Kopf, und die Adrenalinausschüttung in meinem Körper fand kein Ende. Pierrs Bartspitzen zitterten bedenklich, und mit erstickender Stimme flüsterte er: ‚Abattre, abattre – schießen, schießen.' Sekunden später, als die Umrisse des mächtigen Wildkörpers klare Formen annahmen und das Leben der allein anwechselnden Sau in einer Astlücke frei wurde, tippte ich an den gestochenen Abzug. Mit dem Knall explodierte im Gestrüpp ein Hexenkessel, der jedoch überraschend schnell wieder zur Ruhe kam.

Irgendwo an einer Flanke des Treibens fielen jetzt in rascher Folge einige Schüsse, die, wie wir später erfuhren, den ausbrechenden Sauen galten, aber alle ihr Ziel verfehlten."

Der Marquis ergötzte sich an dem Göttertrank und ergriff abermals das Wort: „Meine Herren, was ich jetzt erzähle, werdet ihr kaum für möglich halten, doch ich tische bei Gott kein Jägerlatein auf.

Ohne ein Wort zu verlieren, tauchte Pierre, ganz wie es seiner unauslotbaren Art entsprach, mit einigen langen Schritten in die Dickung. Unmittelbar darauf fiel ein Schuß, und mein Jäger kam, man höre und staune, hoch zur Sau dahergeritten! Ich schloß für einen Moment die Augen, um diese Selbstvernichtungsaktion, die ja einer gewissen Komik nicht entbehrte – Pierre saß noch dazu verkehrt auf dem Wildschwein –, zu ertragen. Vor mir flog der Jäger im hohen Bogen von seinem ungewöhnlichen Reittier, das seine Fahrt jäh bremste, wendete, um den auf dem Boden liegenden Grünrock zu attackieren. Meine ihm zwischen die Lichter gesetzte Kugel stoppte den wütenden Bassen, der mit seinem die Erde pflügenden Wurf noch bis zu den Beinen des Jägers rutschte.

Verdammt und zugenäht, das waren bange, aufregende Augenblicke, ein Verwirrspiel, das beinahe ein böses Ende gefunden hätte.

‚Marquis, Sie haben mir das Leben gerettet', sagte Pierre, und seine Augen nahmen einen eigenartigen Schimmer an. Er trank bedächtig einen herzhaften Schluck aus der Flasche, die ich ihm reichte, und wischte dann über den Flaschenhals und seine Augen. Allmählich fühlte er sich wieder als Jäger und nicht als Gejagter. Doch seine Stimme verriet noch immer die Gefahr, als er von dem kurzen Abenteuer in der Dickung erzählte.

Er fehlte auf kurze Distanz den plötzlich annehmenden, längst verendet geglaubten Keiler und saß im nächsten Augenblick auf dessen borstigem Schild, an dem er sich krampfhaft festzuhalten suchte.

Alles Weitere erlebte ich ja hautnah und mit äußerst gemischten Gefühlen mit."

Der Marquis nahm abermals einen herzhaften Schluck aus seinem rubinrot funkelnden Glas und beendete die spannende Erzählung:

„Angesichts dieses Vorfalles, der ja an Unglaubwürdigkeit nur noch im Sagen- oder Märchenbereich der Lateiner überboten werden kann, feierten wir den glücklichen Ausgang dieser mysteriösen Saujagd bis in die Morgenstunden des nächsten Tages. Alle Grünröcke schliefen danach tief in den Vormittag hinein, nur einer zeigte Flagge: Pierre! Er machte sich früh auf den Weg zu seinen Verbündeten, den Waldgeistern, und kam erst nach Tagen wieder zum Rapport ins Schloß.

Pierre, was für ein Mensch, was für ein Kauz, was für ein Faunus. Ganz sicher haben die Rhythmen der Jahreszeiten, des Mondumlaufes und die Zyklen des Tages und der Nacht sein Leben bestimmt. Er wußte Dinge aus Fauna und Flora, wovon unsereins keine blasse Ahnung hat und kannte die Wechsel des Wildes wie kein zweiter weit und breit. Wo und wann Wild austrat, wann sich mit einem Erfolg bei der Jagd rechnen ließ, vermochte er exakt zu sagen.

Über diesen kauzigen Waldschrat gäbe es gar viel zu erzählen, doch davon vielleicht ein andermal."

Alle Geschöpfe, ob Mensch oder Tier, warteten schon sehnsüchtig auf die ersten lauen Frühlingstage. Doch aus heiterem Himmel spuckte der weißbärtige General noch einmal schweren Schnee auf die Wälder der Normandie.

Die Magnolien im Schloßpark des Marquis zogen betreten ihre leicht geöffneten Blütenknospen zusammen, sie rochen am Tod! Man mußte keine Kassandra sein, um zu prophezeien, wie häßlich braun die rosafarbenen Blütenkelche nach diesen Spiegelfechtereien der rivalisierenden Jahreszeiten aussehen würden.

Ausgerechnet an diesem Tag wollten René und Andreas zum ersten Mal in jenem Frühling nach den Langschnäbeln schauen, doch daraus wurde nichts. Frische Winde pfiffen ihnen unwirsch um die Nasen. Aber hier, wo Klimazonen Berührungspunkte haben, ist man an derartige Kapriolen des Wettermachers einigermaßen gewöhnt. Schnell werden aus rauhen Winden warme Brisen.

Die Freunde marschierten kurzerhand mit hängenden Köpfen Richtung Waldschenke, wo sie vom Frühlingserwachen zumindest träumen wollten. Die folgenden Stunden gehörten wieder einmal der Rückschau auf gemeinsame, glückliche Jagdtage. Der rhythmische, einschläfernde Schlag der uralten Pendeluhr fungierte als solider Begleiter auf ihren Wegen durch die Zeit.

Bei einem Glas guten Burgunders erinnerte sich Andreas Stecher an einen frostigen Herbsttag vergangenen Jahres. Im Wald hatten Reif und Wind schon viel Laub von den Bäumen geholt, und Eichelhäher mühten sich emsig, am Kirrplatz vor der Kanzel den Wildschweinen Maiskörner zu stibitzen. Die hübschen Wichte mit ihrem blau-schwarzen Flügelbug huschten und plünderten, als stünden Hungerszeiten vor der Tür.

Wie recht sie doch hatten!

Beim besinnlichen, schläfrigen Beobachten schwebte urplötzlich, einem Schattenbild gleich, aus dem dämmerblauen Holz ein anderer Vogel. Andreas Stecher traute seinen Augen kaum: Eine Waldschnepfe fiel in der Uferzone der Suhle neben dem Kirrplatz ein, um in den sumpfigen Bodenstellen zu wurmen.

Stecher vergaß augenblicklich die urigen Schwarzkittel, die ihn in den spätherbstlichen Wald gelockt hatten, und gab sich völlig der Betrachtung des scheuen Schnepfenvogels hin. Das starke Glas zeigte ihm gestochen scharf die hoch im Kopf liegenden dunklen Augen, den überlangen Stecher und das marmorierte, exotisch wirkende Federkleid. Ein einmaliger Anblick, der ihn ganz in seinen Bann zog! Erst als der Langschnabel vom Rand der Suhle wie ein Schemen wegstrich und lautlos im nahen Holz verschwand, fand Stecher in die Wirklichkeit zurück und sehnte schon an jenem Herbsttag die nächste Schnepfenzeit herbei …

Jetzt wäre es endlich soweit, da spielte den begeisterten Schnepfenjüngern der zurückschlagende Winter einen Streich.

Sollte die kalte Jahreszeit obsiegen? Mitnichten, bald würde dem weißen Zauber warmer Regen folgen.

In Andreas Stechers ersten Schlaf hinein polterte ein krachender Donner, und bald trommelte Regen an die Fenster. Es konnte also ohne weiteres einen guten Morgenstrich geben, dachte der junge Grünrock noch, ehe ihn Morpheus' Arme umschlangen.

Alles troff vor Feuchtigkeit, als sie schlaftrunken ihre ersten Schritte in den jungen Morgen taten. Die weißen Kristalle hatte der nächtliche Regen fast zur Gänze weggeputzt, und ein letzter leiser Nieselregen versiegte bald am Weg zu den alteingesessenen Schnepfenständen.

Die Luft war kühl, doch voll würziger Frische. Aus den schütteren Dickungen schimmerten da und dort noch kleine Schneereste, die das Naß nicht wegzuwaschen vermocht hatte. Blitzende Sterne gab's keine am Himmel, da wallende Nebelschwaden über den Wäldern kochten.

Man fühlte, daß es jetzt mit Riesenschritten auf den Frühling zuging!

Rehe zogen aus den tropfnassen Einständen und schüttelten das Himmelswasser aus ihren dichten Decken. Auch René und Andreas mußten durch klitschnasses, überhängendes Altgras und Strauchwerk, bis sie die Schnepfenstände erreichten.

Doch diese Mühe machte sich bezahlt! Andreas Stecher erlebte alsbald einen Schnepfenmorgen, von dem er nicht einmal zu träumen gewagt hatte. Übergangslos beherrschten Langschnäbel den Luftraum, wohin auch seine Augen schauten. Die Schnepfen strichen aus allen Richtungen an; sie strichen hoch, niedrig, weit, nahe. Als wollten sie ihn mit ihrem florettartigen Stecher bedrohen.

Immer wieder ließ der begeisterte Grünrock seine Flinte sprechen, doch bald nur noch auf ausgesprochen günstig anstreichende Schnepfen, da sein Patronenvorrat wie der Schnee im lauen Morgenwind dahinschmolz!

Auch am nahen Stand Renés krachte es ohne Unterlaß, und der Gordonsetter des Marquis kam kaum nach, die von den Schroten der Flinten gegriffenen Langschnäbel zu apportieren. Andreas war sprachlos, und das sollte etwas heißen! Mit seiner letzten Patrone gelang ihm noch ein Schnappschuß auf einen „Heckenspringer“, und der folgende Daunenregen glich einem feierlichen Schlußakkord.

So plötzlich der luftige Hochzeitstanz der Schnepfenvögel begonnen hatte, so abrupt fand der Spuk auch sein Ende. Dafür gab's übergangslos berauschende Stimmungsbilder, die diesem Schnepfenmorgen die Krone aufsetzten. Im ersten Sonnenlicht glitzerte und funkelte alles rundum – ob Baum oder Strauch – wie echtes Geschmeide.

Lange arbeitete der Gordonsetter gehorsam und eifrig, bis er den letzten Langschnabel René gebracht hatte; dann warf sich der vierbeinige Gehilfe hundemüde ins kühle Dürrlaub, legte seinen Kopf zwischen die Pfoten und äugte zufrieden die beiden glücklichen Jäger an.

Mehr als ein Dutzend Schnepfenvögel lagen auf der Strecke. Andreas, noch immer von diesem jagdlichen Geschehen überwältigt, fand langsam seine Sprache wieder.

„René, ich bin heute dem Licht der Jagdgötter begegnet, und das alles verdanke ich dir“, sagte er, und in seinen Augen lag ein eigenartiger Schimmer. „Von dieser Beute soll ‚Glotzauge‘ aber nur die Hälfte erhalten. Die anderen Schnepfen bringen wir in die Waldschenke, wo sie uns Ninons Mutter zubereiten wird. Einverstanden?“

„Voll und ganz, mit dem Marquis werden wir dort einen gemütlichen Abend verbringen“, antwortete René mit zustimmendem Grinsen im Gesicht.

Schon nach wenigen Tagen hatten sich Zwergschwertlilien wie ein bunter Teppich über die Wiese vor der Waldschenke gelegt und gaben dem Schnepfenabend einen bunten Rahmen.

An einem der nächsten Abende delektierte sich eine kleine, heitere Tafelrunde an den Wildgerichten, die in einem Extrazimmer der Waldschenke serviert wurden. Worte begeisterter Zustimmung schwirrten nach dem ersten Verkosten des verführerisch duftenden Mahles durch den Raum. Allein die kostbaren Gewürze, mit denen Ninons Mutter die Schnepfen zubereitet hatte, ließen einen unbändigen Durst der dinierenden Jägerrunde erwarten, und der Marquis meinte zu Andreas gewendet: „Meine Devise lautete immer, was man ißt, soll auch gut schmecken, egal welche Folgen daraus resultieren. Tafeln ist für mich seit jeher eine Leidenschaft, die natürlich manchmal auch Leiden schafft.“

Fröhliche Zustimmung von allen Seiten!

Champagner floß, und nach dem vorzüglichen Schnepfengericht zogen sich der Marquis, René und Andreas Stecher in eine gemütliche Ecke des Zimmers zurück. Der adelige Gutsherr ergriff das Wort und fesselte mit dem Wohlklang seiner Stimme die beiden jungen Grünröcke.

„Ich versprach letzthin, noch einmal von Pierre, meinem unvergessenen Jäger, zu erzählen. Keine Frage: Es ist das Privileg des Alters, zwischen Aktivität und Passivität wählen zu dürfen. Pierre kannte jedenfalls im wahrsten Sinne des Wortes bis zum letzten Schnaufer weder Rast noch Ruh. Er nahm mir damit manchmal viel meiner Zeit – stahl wäre, weiß Gott, das falsche Wort –, da ihn in vielen Fällen sein Herz und nicht der Verstand lenkte.

Hin und wieder sah ich Pierre als Mittelpunkt unklarer Geschichten, manchmal sogar als Scharlatan, doch im Handumdrehen sah ich in ihm das, was wir wunderbar nennen.

Pierre, ein unauslotbarer Mensch!

Und jetzt werdet ihr noch eine Geschichte von ihm hören. Seine letzte. Solange ich von ihm erzähle, wird er in meinem Herzen niemals richtig tot sein.

Schlimme Trockenheit und hohe Temperaturen machten vor vielen Jahren der Normandie schwer zu schaffen. Der geordnete Kreislauf der Natur schien völlig unterbrochen, die Schöpfung einem Infarkt nahe. Alle Gewässer erreichten einen sagenhaften Niedrigstand. Und noch immer ließ sich kein Ende der Misere absehen. Täglich brannte die Sonne mehr und mehr Feuchtigkeit aus allen Wasserläufen.

In diesen schlimmen Zeiten hatte Pierre für mich einen sagenhaften Rehbock ausgemacht. Einen echten Dreistangenbock, einen Lebensbock, wie wir Jäger gerne sagen.

Vor Beginn der Schußzeit zeigte mir der Jäger anläßlich eines Abendansitzes diesen Kapitalen, an dessen Krone ich mich einfach nicht satt sehen konnte. Starke, gut vereckte, massige Stangen, die hoch über die Lauscher ragten, gaben dem ungewöhnlichen Kopfschmuck das Kapitale, die dritte Stange, ein dolchartig nach oben geschwungener Spieß, verlieh ihr ein geheimnisvolles Aussehen. Die dunklen, grobkörnig geperlten Stangen und das fast schneeweiße Haupt standen zueinander in faszinierendem Kontrast.

Als die von mir herbeigesehnte Jagdzeit endlich aufging – schien der Rehbock vom Erdboden verschwunden. Wie sollte ich das verstehen? Gab es Hexen ...?

Pierre, von früh bis spät auf den Läufen, zeigte sich, wenn er überhaupt ins Schloß kam, halb geistesabwesend oder er trug sein Herz auf der Zunge und erzählte ausführlich, was er alles unternommen habe, um den neuen Einstand des Heimlichen zu erkunden. So begegnete er mir also einmal zugeknöpft bis oben hin, dann wiederum gesprächig wie ein rauschender Wildbach.

Dabei hätte der Jäger längst die Wohltat des Ruhestandes genießen können, stand mir jedoch freiwillig zu Diensten. Und das von Fall zu Fall.

Ich wiederum konnte und wollte nicht einsehen, warum mir ausgerechnet dieser Kapitalbock durch die Lappen gehen sollte.

Die Zeit verging. Die Rehbrunft begann. Ich freute mich auf diesen leisen Paukenschlag, denn jetzt mußte der Dreistangenbock, sollte er überhaupt noch am Leben sein – was Pierre bei jedem Treffen beschwor –, Farbe bekennen.

Ihr wißt doch auch, wenn Liebe im Spiel ist, öffnen sich alle Türen", sagte lächelnd der Marquis, ergötzte sich am Champagner und setzte fort.

„Die Zeit verging, während der Brunft streckte ich einige belanglose Abschußböcke, doch der Dreistangenbock blieb in der Versenkung. Pierre schlich wie ein alter Grizzly mit einem Sauermilchgesicht umher, und ich hatte mich insgeheim schon mit dem Verlust des Rehbockes abgefunden.

Wieder einmal traf ich mich mit meinem Freund, General Bornett, bei der Jagdhütte, um in dieser Revierecke nach dem verschwundenen Kapitalbock zu schauen. Pierre hatte nämlich unweit der Hütte, im Dämmerdunkel einer aufkommenden Nacht, für Augenblicke einen starken Rehbock in Anblick, konnte ihn jedoch nicht mehr ansprechen.

Mal sehen!

Ein unbeschreiblich milder Spätsommertag, einer jener Tage, die sich nur einstellen, wenn das Wetter längere Zeit beständig bleibt. Die Sonne, nicht glühend, nicht brandschatzend wie an Hochsommertagen, lachte freundlich vom Himmel und versteckte sich ab und zu hinter langsam ziehenden Wolkenschleiern. Es war wohlig warm, nicht heiß; nirgendwo braute sich ein Gewitter zusammen. Alle Farben leuchteten hell, jedoch nicht grell. Über den Wäldern der Normandie lag ein Hauch von Sanftmut, der mein Herz berührte. Doch in der Luft hingen schon Gerüche, die den Herbst erahnen ließen.

Kein Zweifel, ein schöner Abend stand bevor. Ich wollte ihn bis zur Neige auskosten. Langsam pirschte ich durch einen Schlag, der Erinnerungen in mir wachrief. Vor Jahren bekam ich hier in der Rehbrunft die Gewalt der Elemente zu spüren. Hinter einem Rehbock her und vom Jagdfieber total geblendet, nahm ich das rasche Näherkommen eines Unwetters ganz einfach nicht zur Kenntnis. Plötzlich verfinsterte sich der Himmel, und im Nu bearbeiteten Schloßen, groß wie Pingpongbälle, meinen ungeschützten Körper.

Grauenhaft!

Dennoch, ihr werdet es nicht für möglich halten, erlegte ich wenig später den ‚Eisbock', dem das Unwetter auch nichts anhaben konnte und der sogleich nach dem Getrommel der Fährte einer brunftigen Geiß folgte.

So spielt das Leben ...

Plötzlich bemerkte ich den Spiegel eines Rehes. Ein Bock äste schräg von mir weg. Endlich warf er für einen Augenblick auf, zog jedoch gleich wieder vertraut und hauptschüttelnd weiter. Ein Nachkomme des Eisbockes? Möglich."

Der Marquis netzte seine Lippen am Champagner, nahm einen herzhaften Schluck und erzählte weiter.

„Allmählich kam ich in die Nähe der Jagdhütte, wo General Bornett auf mich warten wollte. Wir hielten das immer so. Während ich einen Reviergang vorzog, bediente sich mein wohlbeleibter Freund doch lieber eines fahrbaren Untersatzes. Obendrein brachte er – einer alten Tradition folgend – immer eine Flasche exquisiten Weines mit hinaus, und als Gourmet wollte der General auch auf ein paar pikante Delikatessen nicht verzichten.

Kurz vor der Jagdhütte öffnet sich der Wald zu einer abgelegenen Feldregion hin. Kein Leben und Treiben mehr da draußen, die Ernte lagerte bereits unter Dach und Fach. Längst versunken die Zeit, in der die fruchtschwangeren Feldbreiten schlaftrunken im Frühnebel lagen, bis sich eines Tages der Erntesommer kraftvoll im jauchzenden Konzert schleifender Wetzsteine erhob und der Landstrich im emsig werkenden Arbeitstakt versank. Alt und jung schaffte mühevoll über Tage und Wochen hin, bis die duftende Ernte in den riesigen Scheunen lag. Dann erzählten die Dreschtennen im dumpfen, monotonen Viertakt ihre Alltagsweisen, solange noch ein Getreidekorn in den Ähren steckte. Erst dann schlossen sich die großen Scheunentore.

General Bornett saß schon auf der Hüttenbank. Auf dem Tisch im Jagdhäuschen hatte mein Freund wie immer kulinarische Leckerbissen ausgebreitet, in deren Mitte eine Flasche Chablis vom edelsten Jahrgang stand.

In der Abgeschiedenheit eines Reviers, allen Querelen des grauen Alltags entrückt, mit einem Freund zu speisen und nachher bei einem Glas edlen Rebensaftes im Gespräch zu versinken, bedeutet für mich ein Geschenk des Himmels.

Bald hätten wir uns damals jedoch im Gespräch versäumt, ohne auf die Zeiger der Uhr zu achten hoffnungslos verplaudert. Als wir merkten, wie spät es ist, reichte die Zeit gerade noch, um in Hüttennähe zwei Hochstände zu beziehen. Der General wählte bei einem nahen Wildacker den Birkenhochsitz, und ich pirschte fast im Laufschritt zu einem Hochstand, von dem aus Pierre den starken Bock sah, den er jedoch im herrschenden Abenddunster nicht mehr ansprechen konnte. Einen winzigen Funken Hoffnung, den Dreistangenbock zu erbeuten, gab es noch immer in meinem Herzen."

Andreas und René nickten zustimmend, wie schon mehrmals während der Erzählung des Marquis.

„Bald saß ich in einer alten Eiche, ein Lüftchen kam auf, und im Blätterdach begann es zu raunen. Der Sprache der Bäume zu lauschen, wenn Winde ihre Kronen durchwühlen, zählt schon von Jugend an zu meinem Jagen. Der Sprachschatz von Laub- und Nadelbäumen wächst mit der Stärke der Luftströmung und hat viele Nuancen. So unterscheidet sich etwa das feine Singen einer Fichte grundlegend vom lauten Geschwätz einer Pappel.

Die Dämmerung kam, Bäume und Sträucher warfen lange Schatten.

Im Hüttenbereich standen Jahre hindurch immer wieder gute, alte Rehböcke. Möglicherweise hatte hier auch der Dreistangenbock seine Bleibe gefunden, nachdem er anderswo der Liebe frönte. Manch einer dieser betagten ‚Schürzenjäger' braucht nach den Anstrengungen der Arterhaltungspflichten eine lange Regenerationsphase. Kein Wunder also, wenn ein brunftmüder Pascha lange den Augen des Jägers verborgen bleibt und heimlich wie ein ausgekochtes Alttier agiert."

Der Marquis griff nach seinem Glas, und die seinem Bericht gespannt lauschenden Zuhörer taten es ihm gleich.

„Allmählich verfiel das Schußlicht, und ich hatte den imaginären Dreistangenbock längst abgehakt. Um einen plötzlichen Einfall zu Papier zu bringen, nahm ich ein kleines Notizbuch zur Hand, schrieb bei schlechtem Licht, schaute auf – und sah den Bock wie einen Faun aus dem Dämmerschatten treten. Stark in Wildbret und Trophäe. Das mußte er sein, dachte ich und ließ fliegen. Im Schuß versank meine Beute wie eine Sternschnuppe am Nachthimmel.

Schneller als erwartet kam der General mit seinem Oldtimer angeblubbert, und bald standen wir vor dem Kapitalen. Wenn mein Freund lachte oder sprach, klang es wie Musik. Und Bornett lachte, als er im Gefunzel einer fast ausgebrannten Taschenlampe die Krone meiner Spätlese begutachtete. Der brave Bock mußte jedes Jägerherz erfreuen, doch der Dreistangenbock war es nicht, der hielt sich noch immer bedeckt; auf ihn mußte ich noch eine Zeitlang warten.

Und nun noch einmal zu Pierre“, sagte der Marquis. „Der alte Jäger erschien seiner Umgebung meist überaus rege und voll Tatendrang, doch man konnte ihn auch in einer Wiese liegend finden, den Blick starr in die Ewigkeit gerichtet. Er verkörperte genau das, was wir einen liebenswerten, kauzigen Menschen nennen.

An einem Spätherbsttag desselben Jahres, kein Grünrock dachte mehr an die Bejagung eines Rehbockes, stürmte Pierre ins Schloß, stürzte in mein Zimmer, griff an sein Herz und stammelte: ‚Der – Ihr – Dreistangenbock – ist – wieder – da …‘, wankte, ließ sich, von mir gestützt, in einen Klubsessel fallen, rang nach Luft – und schloß für immer die Augen.

Sie können sich nicht vorstellen, wie mir, und allen im Schloß, der plötzliche Tod des treuen Vasallen ans Herz griff. Treue Dienste bis zum letzten Atemzug.

Einen Tag nach der Beerdigung dieses Jägers von echtem Schrot und Korn holte ich die Büchse aus dem Schrank und ging hinaus ins Revier. Ich wußte, daß dies ganz im Sinne von Pierre geschah und fühlte mich auch von ihm geführt, geleitet. Ohne nur einen Augenblick zu überlegen, ging ich schnurstracks zur Kanzel, von der mir der Jäger, vor Beginn der Schußzeit, den Dreistangenbock gezeigt hatte.

Wenig später trat der Lebensbock völlig unbekümmert aus der Deckung und fiel durch meine Kugel. Den schweißfeuchten Bruch legte ich noch am selben Abend dem unvergessenen Pierre auf sein frisches Grab." Damit endete des Marquis ergreifende Erzählung, damit klang der gemütliche Abend aus.

„Flausen, nichts als Flausen", dachte Andreas Stecher, als René zu ihm in die Kaserne kam, um von einem kapitalen Rehbock zu berichten.

„Mir scheint, du glaubst mir nicht, aber ich sage dir noch einmal, einen Rehbock dieser Güte hast du in deinem ganzen Leben weder gesehen noch geschossen. Diesen Kapitalen habe ich eigentlich für unseren Marquis ausgemacht, doch dieser meinte: „Den Bock soll Andreas schießen."

Andreas, endlich hellhörig geworden, sprang von seinem Stuhl auf und rief mit leuchtenden Augen: „Gibt es das? Das gibt es ja gar nicht!"

„Doch, doch, das gibt es", entgegnete René und fügte mit ernster Stimme hinzu: „Über alles hat der Mensch Gewalt, nur nicht über sein Herz."

„Was willst du damit sagen ...?"

„Daß dich der Marquis wie einen eigenen Sohn liebt, nicht mehr und nicht weniger", antwortete der kauzige Zwerg und reichte Andreas zum Abschied die Hand.

Die ganze Nacht hindurch jaulte der Wind in den Wäldern der Normandie. Es klang wie trauriges Wolfsgeheul. Gegen Morgen beruhigte sich die Luft, und René und Andreas nahmen den Weg unter ihre Füße. Sie gingen durch duftendes, hüfthohes Gras. Über den Grünröcken verblaßte das Sternenzelt, und ein Meer von Federwolken zog auf. Sie, die Schönwetterkünder, sollten erst im Sonnenlicht zur Himmelszierde werden.

René, das Käuzchen, ging mit Andreas Stecher auf den vom Marquis zugesprochenen kapitalen Rehbock, der in einer der entlegensten Revierecken seinen Einstand hatte.

In der Endphase des Weges führte ein arg verbuschter Hohlweg zu einer total versteckten Lichtung, die man ohne Geräusche zu verursachen äußerst schwer erreichen konnte. Für eine Rodung des urwaldähnlichen Gestrüpps fanden sie weder Zeit noch Lust.

„Einmal muß es uns ja gelingen, den Hochsitz am Lichtungsrand zu erreichen, ohne von dem heimlichen Kapitalen wahrgenommen zu werden", meinte René, und ... schon schreckte in der umliegenden Dickung ein Reh.

Welch mystische Stimme!

Der abgrundtiefe Baß jagte Andreas die Gänsehaut über den Rücken und ließ ihn obendrein vor Neugier fast platzen. Plötzlich leuchtete es Rot von der zum Greifen nahen Lichtung. Ein Rehbock, der in diesem Augenblick aus seinem Lager hochwurde. Eine teuflisch gute Krone ragte hoch über die Lauscher, und Andreas tastete in nervöser Hast nach seinem Feuerrohr. Doch René schüttelte nur den Kopf.

„Das ist nicht der, hinter dem wir her sind", raunte Käuzchen. Jetzt, bei näherer, nüchterner Betrachtung, erkannte auch Andreas rasch die Merkmale der Jugend an dem hoffnungsvollen „Rotfrack", der mit eleganten Fluchten absprang.

„Nach diesem Intermezzo wird sich am Morgen unser Bock auf der Lichtung nicht mehr zeigen", meinte René, und sie traten stehenden Fußes den Rückweg an.

Gegen Abend machten sie sich abermals, doch etwas früher, auf den Weg. Die Sonne stach und sengte wütend vom Himmel. Die Luft, von heißem Staub geschwängert, erschwerte das Atmen. Freude an der Hitze, so schien es, empfanden nur die Spatzen. Sie tschilpten noch lauter als an anderen Tagen und flogen scharenweise vor den beiden Grünröcken her.

Aus der Ferne leuchtete mit einem Male das rote Dach der Waldschenke. Beim Blick auf Ninons Elternhaus spürte Andreas Stecher ein bedrückendes Gefühl auf der Seele. Bald konnte hier ein Totentanz beginnen, ein Tohuwabohu, das die ungeliebte Besatzungsmacht auf Nimmerwiedersehen vertreiben sollte. Da und dort werden verkohlte Ruinen zurückbleiben. Alle ahnten es, doch niemand wollte davon sprechen.

Im Dschungel des zum Hochsitz führenden Hohlweges setzten die beiden Jäger Fuß vor Fuß, und sie erreichten unbehelligt ihr Ziel. Weder Schrecklaute noch Geräusche drangen aus dem Einstand des Heimlichen zu ihnen.

Nun konnte Andreas endlich einmal die Umgebung des entlegenen Hochsitzes in aller Ruhe unter die Lupe nehmen. Toll, was es da alles zu sehen gab. Von Eis und Wasser geformtes Gestein, moosüberzogen, von kleinen Bäumchen bewachsen, lag wie von einer Riesenhand hingeworfen in der Wiese. Splitter eines Urwaldes, von der Schöpfung geschaffen, vom Menschen – was für ein Wunder – unangetastet gelassen. Ein winziges Paradies, ein Refugium für den Jäger, der sein Metier im Naturerleben sucht.

Gemächlich kam der Abend. Urplötzlich hob der Hund, der zu Renés Füßen lag, windend die Nase. Verführerische Düfte aus dem nahen Einstand ließen ihn das schläfrige Dahindösen schlagartig vergessen. Im Handumdrehen zeigte sich auch schon ein roter Schimmer am Dickungsrand.

Autsch! Der alte Bekannte vom Vortag, der Andreas schon ein Jucken im Zeigefinger bereitet hatte. Jetzt konnten sich die beiden Grünröcke im gemächlichen Schauen an der prahlenden, zukunftsträchtigen Krone erfreuen. Den Muffelfleck – wenn auch schon verwaschen – konnten sie im bunten Gesicht noch deutlich erkennen. Der Vielversprechende äugte hocherhobenen Hauptes starr zurück in das dichte Unterholz, vor dem er, zum Abspringen bereit, wie eine Salzsäule stand.

Das konnte Gewicht haben!

Schneller als erwartet ging der Zauber los. Ein uriges Schmälen in der Dickung, und der hoffnungsvolle Junior gab „fliegend Fersengeld". Als wäre der Leibhaftige hinter ihm her, tauchte er in die grüne Mauer des gegenüberliegenden Waldrandes.

Und der Kapitale, nach dem sich Andreas schon tagelang verzehrte, wann und wo zog der aus der Deckung ...? Nirgendwo zeigte sich ein Quentchen Rot. Auch an jenem Abend mußten die Freunde unverrichteterdinge durch dick und dünn das Weite suchen.

Welch ein Wechselbad der Gefühle!

Beim morgendlichen Weckergerassel öffnete Andreas Stecher erst gar nicht die Augen, da er im Halbschlaf das Trommeln schwerer Regentropfen sehr deutlich vernahm.

Abends, beim dritten Anlauf, erreichten die Freunde abermals den Hochsitz im Mini-Urwald, ohne die Nerven des Heimlichen zu strapazieren. Und zu gegebener Zeit wiederholte sich spiegelgleich die Szene vom Vortag. Der renommierende Jüngling zog aus der Dickung und fegte nach wenigen Augenblicken wie ein Verrückter über die Lichtung. Der Senior bedachte ihn mit abgrundtiefem Schimpf ... und hielt sich bedeckt.

Neu fand Andreas nur die Worte Renés: „Wir bleiben ganz einfach sitzen, wenn der Morgen erwacht, wirst du deinen Lebensbock ernten."

Ende des Kommentars!

Andreas Stecher schaute zunächst etwas konsterniert aus seinem verschlissenen militärischen Gewand, denn eine baldige Einkehr in die gastfreundliche Waldschenke hätte ihm sicher mehr Spaß bereitet, fügte sich aber widerspruchslos der Meinung seines Freundes. Keine Frage: Nur Käuzchen wußte, wo es langging, wie ihnen der alte Griesgram zur Beute werden konnte.

Die Dämmerung führte die beiden einsamen Jäger in eine laue Sommernacht unter einem prachtvoll glitzernden Himmelszelt. Sternschnuppen verglühten in Sekundenschnelle über ihren Köpfen und nahmen Andreas' Gedanken mit auf die Reise …

Sollte er wirklich eine liebe lange Nacht auf diesem Hochsitz zubringen, um Beute zu machen, um in den Besitz einer begehrten Trophäe zu gelangen? Warum eigentlich nicht?

Schon der Jäger der Urzeit behielt von seiner Beute Erinnerungsstücke, wie Zähne, Felle, Hörner oder ganze Köpfe. Der Besitz einer Trophäe zog unweigerlich die Bewunderung anderer Jäger, aber auch die der Frauen auf sich.

Bald stürzte Andreas Stecher in ein tiefes schwarzes Loch, zirkelte dort dem Kapitalbock die Kugel aufs Blatt, um im Anschluß daran in der Waldschenke mit all seinen französischen Freunden das außergewöhnliche Waidmannsheil gebührend zu feiern.

Ein sanfter Rippenstoß führte den unruhigen Träumer in die Wirklichkeit zurück. Käuzchen hatte offensichtlich die längste Zeit dieser Sommernacht durchwacht, um dem Freund die Chance auf einen jagdlichen Erfolg zu bewahren.

Der gute, liebenswerte René!

Wie eine Spinne kroch der erste Tagesschimmer in das versteckte Paradies der Freunde und tastete in alle Winkel der Lichtung. Trugbilder, Schemen verloren langsam ihre Gestalt. Geräusche, die während der Nacht an das Ohr des Jägers drangen, gingen unter im Stimmengewirr des beginnenden Tages.

Taube, Bussard, Kuckuck und viele Singvögel erwachten.

Königskerze, Wegwarte, Wiesenraute und andere Blumen nahmen wieder ihre Farben an.

Da, eine verschwommene, huschende Bewegung am Steig, der zum Hochsitz führte. Ein Polizist der Nacht? Dachs, Fuchs, Kuder oder Iltis? Reineke nahm in nervöser füchsischer Manier seinen Heimweg zum Bau. Es wäre ein leichtes gewesen …

Und plötzlich, ohne Vorwarnung, ohne das geringste Geräusch zu verursachen, wechselte der Kapitalbock majestätisch in die Waldwiese. Hocherhobenen Hauptes, jeder Zoll ein König, stand er dann, kaum eine Pistolenschußweite neben dem Hochsitz und fixierte diesen wie eine Kobra.

Ein Bild wie aus einem Märchenbuch!

Augenblicklich beherrschten Adrenalinstöße das Innenleben der beiden jungen Jäger. Das „Augen-Lichter-Duell" mit dem Bock währte und währte und wollte kein Ende nehmen. Andreas schob die Büchse Millimeter um Millimeter über den Rand der Reviereinrichtung. Endlich lag sie in brauchbarer Schußposition. Dann ließ er im gleichen Zeitlupentempo seinen Kopf bis zum Feuerrohr folgen. Letztlich faßte das Absehen des Fernrohrs den starken Träger des spitz zum Hochsitz stehenden Kapitalen, der schon den Todesschatten ahnen mochte, als ihn die Kugel in die taubehangenen Gräser warf. Erschreckend schnell kam er wieder auf die Läufe, raste über die Wiese, schlug plötzlich einen Salto und blieb verendet liegen.

Die beiden Freunde saßen einige Momente starr wie Pagoden, dann wich in ihnen die große Spannung und schwappte in unbändige Freude über.

Die auf dem Hochsitz verbrachte Nacht, die damit verbundene Überlistung des Heimlichen, der präzise Trägerschuß, das alles ergab zusammen ein Traumfinale. Noch wußten die jungen Jäger nicht, daß sie eben ihre letzte gemeinsame Jagd erlebt hatten. Sie wußten es nicht, ob sie es aber ahnten?

Der Anblick des kapitalen Geweihs verschlug Andreas die Sprache. Noch nie hatte er ehrfürchtiger ein gekröntes Rehhaupt aus dem Gras gehoben. Von unendlicher Dankbarkeit erfüllt, nahm er den Bruch aus den Händen Renés entgegen …

Als der ungeliebte General den Kapitalbock in Anblick bekam, fiel ihm das Monokel aus dem Auge. Doch die maßlose Gier nach Wildbret ließ selbst den Neid im Gesicht „Glotzauges" verblassen. Bert Brecht hat zweifellos für ihn den Satz geschrieben: „Erst kommt das Fressen, dann die Moral."

Tief in die Nacht hinein saßen René und Andreas in der Waldschenke bei einer Flasche Burgunder und ließen ihr letztes Jagderlebnis Revue passieren. Zu der geplanten Bockfeier mit dem Marquis kam es leider nicht mehr … das Schicksal wollte es anders.

Der Sturm heulte durch die Wälder der Normandie wie die Wilde Jagd. Nein, er donnerte wie eine in Windeseile heranbrausende Front. Man munkelte schon lange, daß die am Kanal gelandeten Alliierten nur kurze Zeit zu halten sein werden. Eine bittere Wahrheit, mit der Andreas Stecher erst einmal zurechtkommen mußte.

Was sollte er tun …?

Mit den Wildgänsen, die in langen Keilen zum Meer strichen, kam er ins Land. Mit allem, was sich in Federn kleidet und zu Hause den Frühling verkündet – Schnepfe, Kiebitz, Wachtel, Bachstelze –, sollte er Frankreich wieder verlassen? Nein, früher, viel früher! Die Ruhe vor dem Sturm hielt nur, bis die Bockzeit aufging.

Ohne jegliche Vorwarnung löste die militärische Führung in der Kaserne den Alarm aus, und wenig später rückte die Einheit ab. Die letzten Reserven warf man an den Kanal, wo die Front brach, wie ein Kartenhaus zusammenfiel. Andreas Stecher befand sich auf der Jagd, währenddessen im Lager die Sirenen heulten, und blieb auch – von René ermutigt – allein in den Wäldern zurück.

Ein letztes Mal schlich der einsame Jäger zu seiner Geliebten in die Waldschenke. In jener Nacht, in der die Front mit Riesenschritten näher kam, liebten sich die beiden jungen Menschen, bis sie irgendwann gegen Morgen einander in den Armen liegend einschliefen. Sie fühlten, daß es für sie bald keine glückliche Zeit mehr geben sollte.

Vom Gefechtslärm geweckt, schlüpfte Stecher in seine Uniform, küßte Ninon und flüsterte ihr ein paar Worte ins Ohr.

„Warum machst du das alles für mich und bringst dich in höchste Lebensgefahr?" fragte das hübsche Mädchen mit leiser, tränenerstickter Stimme.

„Weil ich dich liebe, jetzt aber nicht weiß, ob ich bleiben oder mit unseren Truppen zurückgehen soll", antwortete er und eilte aus dem Haus.

Das metallene Rasseln der Panzerfahrzeuge im Ohr, hetzte Stecher in eine Seitengasse des kleinen Ortes, um René zu treffen. Völlig verstört und außer Atem berichtete der kleine Franzose wenig später mit heiserer Stimme seinem Freund: „Vorhin haben Schergen den Marquis verhaftet, kurze Zeit danach fielen im Schloßpark zwei Schüsse. Ich habe Angst um dich, schau, daß du im Chaos des unkontrollierten Rückzuges der Deutschen untertauchen kannst. Sage ganz einfach, du hättest der Résistance, die dich gefangen hielt, entwischen können."

Durch den Kopf Andreas Stechers jagte in Sekundenschnelle ein Heer von Gedanken. Geheimnisse, Sehnsüchte, Wünsche, die zu verwegen waren, um sie jemandem anzuvertrauen. Wie mochten seine Angehörigen zu Hause mit den Zwängen und Nöten des unseligen Krieges zurechtkommen? Wird man in der Endphase des Völkermordes seine Hilfe brauchen? Fragen, auf die es keine Antwort gab.

Als in ihrer Nähe eine Granate einschlug, umarmte und küßte Andreas sein geliebtes Käuzchen auf beide Wangen und eilte die Gasse entlang, um die Hauptstraße, den zurückflutenden Strom deutscher Fahrzeuge zu erreichen.

Vor einem brennenden Haus lag in seinem Blut ein junger Soldat, dessen Augen in die Ewigkeit starrten. Stecher fühlte die Schmerzgrenze des grausigen Ringens und hätte am liebsten in den Tag hineingeschrien: „Die Welt ist des Sterbens müde! Genug! Haltet ein! Hört endlich auf!"

Kaum in ein überfülltes Fahrzeug gepfercht, hielt sich in ihm das Verlangen nach Umkehr und Weiterfahrt die Waage.

René – –?

Ninon – –?

Marquis – –?

Tote haben keine Worte.